立人天地

优教书系

解读孩子敏感的自我意识

Формируем здоровую самооценку

[俄罗斯] 爱莲娜·诺维臣科娃 著
吴海月 译 高连兴 校

黑龙江出版集团
黑龙江教育出版社

版权登记号：08－2017－100

图书在版编目（CIP）数据

解读孩子敏感的自我意识 /（俄罗斯）爱莲娜·诺维臣科娃著；吴海月译．— 哈尔滨：黑龙江教育出版社，2017.7
ISBN 978-7-5316-9431-1

Ⅰ．①解… Ⅱ．①爱… ②吴… Ⅲ．①自我评价－儿童教育－家庭教育 Ⅳ．① B848 ② G782

中国版本图书馆 CIP 数据核字（2017）第 176858 号

解读孩子敏感的自我意识
JIEDU HAIZI MINGAN DE ZIWO YISHI

作　　者　[俄罗斯] 爱莲娜·诺维臣科娃　著
译　　者　吴海月　译　高连兴　校
选题策划　王春晨
责任编辑　王海燕
装帧设计　Amber Design 琥珀视觉
责任校对　张爱华

出版发行　黑龙江教育出版社（哈尔滨市南岗区花园街 158 号）
印　　刷　北京鹏润伟业印刷有限公司
新浪微博　http://weibo.com/longjiaoshe
公众微信　heilongjiangjiaoyu
天 猫 店　https://hljjycbsts.tmall.com
E－mail　heilongjiangjiaoyu@126.com
电　　话　010—64187564

开　　本　700 × 1000　1/16
印　　张　13.75
字　　数　121 千
版　　次　2017年9月第1版　2017年9月第1次印刷
书　　号　ISBN 978-7-5316-9431-1
定　　价　32.00 元

解读孩子敏感的自我意识

目录

Формируем здоровую самооценку

129 / 第九章 理性惩罚

139 / 第十章 表扬孩子

序

自我评价是人的主要个性特征，就是对自己的评价，这种意识在童年时期形成并影响终身。正确的自我评价非常重要，这有助于修正自己的行为。有了正确的自我评价，无论是在大千世界中，还是在实现目标的道路上都可以做到最好。过高或过低的自我评价会影响儿童身心的协调发展，让他们的人生困难重重。

不能正确进行自我评价的儿童会与周围的同龄人格格不入。这样的儿童会想方设法成为集体的领导者，或者默默无闻，成为被集体抛弃的人。他们觉得没有人理解自己，经常与别人发生冲突。这样的孩子从幼年起就在家庭生活中表现出自我评价与自身行为的脱节。造成这种状况的原因通常是父母经验不足和过于忙碌，采用了错误的教育方式。如果你致力于将孩子培养成幸福和有用的人，那么就不能只是重新审视对孩子的态度，还要加大力度改变自己。

应从儿童的幼年时期开始培养正确的自我评价意识。即使是哺乳期的婴儿，也要看作有用的人，只是现在还小、还需要别人照顾而已。随着年龄的增长，他们会变得越来越勇敢和独立。慈爱的父母会帮助孩子成长和自我发展，并在合理的范围内给孩子自由。

心理学家的建议会帮助你找到通向孩子内心的道路，让你与孩子沟通时愉快、有效，没有矛盾和冲突。和谐的家庭氛围、爱和合理的教育方法有助于修正孩子的自我评价意识，使孩子能够健康成长。在这个过程中你需要改变自己，因为想要培养孩子自尊自信的个性，就必须亲身做出良好的示范。

第一章

儿童的自我评价

Формируем здоровую самооценку

解读孩子敏感的自我意识

能够正确自我评价的孩子很少出现不安的情绪和心理问题。这样的孩子不会害羞，可以明确表达自己的情绪。如果家庭内部形成健康的心理氛围，那么不论孩子成绩如何、是否聪明或健康，父母都会接受他、爱他。在任何情况下，对于父母而言，孩子的重要性都是不言而喻的。

自我评价分为正确和不正确（过高、过低）的自我评价。正确自我评价的意思是人们对自己的看法与周围人的评价一致，了解自己的正面和负面品质。自我评价能力的培养有助于儿童形成正确的自我评价意识。

自我评价也可分为稳定和不稳定的自我评价。稳定的自我评价很难纠正，不随着外部环境的变化而改变。不稳定的自我评价可以改变，并纠正为正确的自我评价。绝对自我评价与他人的意见无关，相对自我评价与他人的意见相关。

自我评价与个体自我意识有关。罗・彭斯和伊・谢・科恩等心理学家都致力于研究这个问题。

心理学家把自我意识视作复杂的心理过程，该过程形成的原因是人类在不同类型活动中接受多种形式的自我（要求做出某些行为）、形成区别于他人的完整自我概念。

自我意识的发展促进自我评价意识的形成，在自我评价意识中确定自我认识和自我情感态度的范围。自我评价意识在儿童心理发育及与他人的相互关系中起重要作用。儿童在自我评价基础上形成“我”的概念，形成对自己及自身性格中个别特点的态度。

高年级儿童表现出自我评价意识。自我评价意识随着对自我能力的认识，在自身经验和与成年人及同龄人的交流中获取的信息基础上逐渐形成。

学龄前儿童的自我认识能力不足，所以他们的自我评价意识主要是从父母的态度和对他们的接受程度中形成。这个年龄段的儿童渴望成为与父母一样的人，这会引起他们的积极或消极情绪，也会对他们的自我评价造成影响。随着儿童的成长和智力的发育，他们会鉴别别人的评价，并不总是认同别人的评价。学龄前时期结束时，自我评价在自我认识和周围人引起的情感基础上变得更加平衡。父母的关怀和支持有助于培养儿童的正确自我评价意识，如果孩子与父母的关系恶化，他们的自我概念也会扭曲。

罗·彭斯致力于研究儿童正确或不正确自我评价意识养成的条件。过低自我评价的起因是父母渴望培养孩子随大溜的行为模式。接受这种教育的孩子被迫时刻适应他人，唯他人的愿望是从。这样的孩子会成长为听话、有礼貌和依赖他人的人。表面看起来皆大欢喜，也没有发生冲突，但孩子没有形成独立的个性，童年并不幸福。儿童自我评价过高主要是因为父母表现出的保护姿态和过分迁就、宽容孩子。如果父母有责任心，处理任何问题时立场明确，有威信，并且能够接受自己的孩子，那么在这样的氛围中成长的儿童容易形成正确的自我评价。以此培养儿童的独立性、亲和性、自主性和自信心，他们就更易获得成功。

儿童的自我评价意识在各种因素的影响下形成。幼儿时期的宝宝对自己的形象和周围世界没有概念。他们不知道在各种情况下如何表现，也不会评价自己。在此期间，他们主要接收来自大人的评价，通过话语、语气、面部表情和动作确定周围人的赞同或不赞同信息。在此发育阶段，儿童还没有将自己与他人进行对比。

上幼儿园后，儿童更加笃定或推翻此前在家中形成的自我评价。如果自我评价正确，他们可以应对摆在面前的各种困难。如果自我评价过低，儿童会感觉到不安，即使没有什么挫折也是如此。更大一些的学龄前儿童多半可以形成正面的自我评价，他们的挫折多与某些外部因素有关。渐渐地，随着年龄的增长，自我评价会变得越来越符合自身实际。

儿童和其他人的关系在自我评价的形成过程中具有重要意义。如果与他人交流得少，自我评价的能力得不到发展，儿童就不能正视自己的缺点和自己行为中的某种变化。只有在与他人交往的过程中，他们才能意识到自己的优点、缺点，修正自我评价，在此阶段大人的关怀会起到很大作用。

对年龄大一些的学龄前儿童而言，一般是在下列 4 个因素的基础上形成自我评价。

- 与父母的交往经验；
- 与同龄人的交往经验；
- 个人交往经验；
- 智力水平。

儿童已经开始把自我评价与他人意见相比较，如果两者相符或相差无几，那么他们会接受当前的自我评价。儿童还没有足够的生活经验，自我评价并不总是准确，因此他人的意见有很大的参考意义。具体活动中形成的经验有助于儿童展现某种特定的品质和能力。做事结果的好坏有助于评价自身能力并认清自己的能力范围。

大一些的学龄前儿童只积累了些微的生活经验，所以还不能自觉修正自身行为。他们的个人经验带有些许感情色彩，所以与他人交往时获得的经验更加重要。但是这个年龄段的儿童已经开始注重自身感受。

自我评价决定了对待自己的态度、在人群中的活跃度和能否在与他人的交往中找准自己的位置。随着自觉性的发展，儿童的自我评价会变得更加符合自身实际。学龄前阶段结束后，儿童已经有能力对自己的活动、行为和感受做出评价。

幼儿时期，父母的态度有助于孩子形成正确的自我评价。如果无论孩子多大，父母都把他们视作一个独立的个体，给他们一定的选择与行动自由，那么孩子就可以达到身心和谐发展。有权独立选择衣服、玩具等，这些都是有助于培养儿童的独立性和形成适合自身情况的行为模式。

幼儿在父母的帮助下分清是非黑白，然后，随着年龄的增长，他们在自身经验基础上评价人、事、物。如果父母是孩子在思想上和行动上追随的榜样，孩子会更加坚定地践行幼儿时期形成的评价体系。称赞孩子好的行为是其评价意识发展的主要促进因素。惩罚和鼓励必须相辅相成、切合实际。如果只是一味地表扬孩子，会使他们对自己评价过高，变成以自我为中心的人。当然，无休止地批评同样不可行，只会造成孩子不自信和自卑的心理。一切都要有度，最重要的是让他们明白，为什么被赞扬或批评，还有无论如何父母都爱他们。如果孩子做任何事都被批评，那他们就会不再信任大人，把自己封闭起来，转而寻求他人的认同。

如果父母想要把孩子培养成和谐、幸福和成功的人，那么必须帮助他们坚定自信心，以合理的方式提高他们的自我评价。为孩子讲明社会行为准则和道德准则，帮助他们在各种场合做出得体的行为。应该站在平等的角度上与孩子谈话，如蹲在他们面前或将他们放到凳子上，此时大人必须表现出关怀和自信。如果父母爱孩子，但不自信，未必能够培养出自信和有能力正确评价自己的孩子。

能够正确自我评价的孩子很少出现不安的情绪和心理问题。这样的孩子不会害羞，可以明确表达自己的情绪。如果家庭内部形成健康的心理氛围，那么不论孩子成绩如何、是否聪明或健康，父母都会接受他们、爱他们。在任何情况下，对于父母而言，孩子的重要性都是不言而喻的。

不要拿自己的孩子与别人家的孩子做比较。最好指出他的正面品质和进步，如学会了新知识、新技能，掌握了新本领。这样，可以坚定孩子对自己和自身能力的信心，形成后续发展动力。

俄罗斯心理学家、心理医生和多部畅销书的作者维•伊•加尔布佐夫将儿童自我评价意识的养成与心理学自觉和非自觉范畴内出现的内心冲突联系起来。5 岁之前，儿童形成非自觉自我评价，这种评价贯穿他们的一生。自觉自我评价是在批评和自我批评过程中及自身经验基础上形成的。自觉自我评价在不同因素影响下会发生改变，而且实时更新，只对“今天”有效。如果深埋于儿童自我意识中的非自觉评价妨碍今日评价的接受，不论其客观性或主观性如何，会发生难以解决的内心冲突。这种情况会造成行为的两面性，因为儿童一方面承认失败，对自己评价低或行为恶劣；另一方面又继续证明和展示，他们是最棒的，他们可以……在这种情况下，儿童不仅对自己的态度呈现两面性，而且对他人和事件的态度也是如此。内心冲突造成儿童心理发展紊乱和评价体系扭曲。此时，父母的评价起重要作用。

正面、高度的自我评价（而不是过高的自我评价）是正确的自我评价。能够正确评价自己的儿童会积极向上、求知欲强、善于交际和乐观开朗。这种儿童行为坦率、为人真诚。他们会考虑父母的意见，因为他们认为父母的意见正确可信，他们也会考虑同龄人的意见，因为同龄人会与他们站在平等角度看待问题。持正确自我评价的儿童认为，可以犯错，但会承认自己的违例犯规。这类儿童的父母甚至不需要考虑自家孩子是如何评价自己的。因为没有发现孩子有特殊问题，智力发育正常、情绪适度而且适应社会规则。正确的自我评价可以帮助孩子克服困难和解决冲突。

可以从外表判断儿童的自我评价。如果他们时刻微笑、彬彬有礼、轻松地与他人展开交往、热爱生活，没有表现出明显的挑衅行为，意味着他们的自我评价一切正常。持正确自我评价的儿童会接受别人对他们的批评，并做出得体的回应。

自我评价过高的儿童渴望认识新事物，活泼好动。这类儿童会津津有味地研究新事物，越困难的事越想做，但往往虎头蛇尾。他们充沛的精力和冲动的个性效率不高，但通常认识不到自己的问题。自我评价过高的儿童会刻意突出自己的正面品质，对缺点绝口不提。这会造成他们虚荣心过度，傲慢无礼，过于自信，做事不讲分寸，对同龄人甚至大人的意见置之不理。这类儿童任性妄为，经常与他人发生冲突，生气抱怨更是家常便饭。他们努力凸显自己，想要成为人群的焦点。这类儿童在同龄人中总是扮演着领导角色，对别人的批评，即使是合理的，也会反应激烈。他们无法控制自己的情绪，往往通过喊叫、跺脚或大哭大闹来发泄情绪。

最不利于儿童发展的是过低的自我评价。这类儿童经常犹豫不决、不自信、易抱怨和孤僻。他们做事束手束脚，克制自己的情绪，但又非常敏感，常常不安，会因为各种原因感到恐惧。自我评价过低的儿童难以与同龄人接触，虽然他们会感到孤独，想要与他人交朋友。不自信让这类儿童面对各种事情时挫败不已，实际上，不自信也会阻碍其达到目标。这类儿童不喜欢变化，不想尝试新事物。他们很难适应环境的变化，搬家或转学会给他们造成心理创伤。他们经常被叫作“爱哭鬼”“软脚虾”“笨蛋”“慢乌龟”，在同龄人中属于被集体抛弃的人。全盘接受别人对自己的批评，这会造成强烈的不安和加倍的不自信。

有时，自我评价过低的儿童想象力异常丰富，这可以帮助他们逃离现实。这类儿童还可能有另一种行为模式：佯装自信，故意表现出完全不符合其本性的个性。这类积极行为背后隐藏的是更易受伤和更加敏感脆弱的心灵。

自我评价过低和有社交恐惧经常使这类儿童智力发育受限、成绩下降，他们因为害怕被老师和同学嘲笑，从而对课堂上不懂的问题羞于启齿。他们不愿意上学，因为成绩总是不好，觉得自己与集体格格不入。

自我评价过低的儿童更加惊慌不安和有危机感，所以他们害怕一切新事物，想逃离新关系。他们的恐惧与害怕失去心灵安宁相关。恐惧（比如怕黑等）也会表现在幼儿时期，但是这种恐惧可以在父母的帮助下克服。逐渐形成的对失败的恐惧会束缚儿童的个性发展，克服这种恐惧难上加难。长此以往，儿童的性格中会形成类似悲观主义和自怜的倾向。这会阻碍儿童接受新事物，发展已有能力和展现新能力。害怕失败迫使其对一切都追求完美，对失误过度担心。这通常表现在刻苦学习上，刻苦学习的动机不在于对课程感兴趣和追求新知识，而是害怕成绩差，害怕老师的批评、父母的责骂。不自信的儿童不会将好成绩归结为自己的功劳，而是认为自己偶然走运。他们对各种问题的意见很大程度上来源于别人的意见，所以他们会模仿那些被别人认为最优秀的人。

自我评价过低的儿童往往看不到自身的优良品质，只会对负面品质无限放大。家长可以帮助他们开发自己的能力，让他们变成全面发展的人。

父母越早意识到孩子自我评价过低，越有机会帮助他们修正自我意识。这样，孩子才能继续和谐发展，健康成长，有能力解决各种困难。

如果儿童表现出下列行为，那么可以视为其出现自我评价障碍。

- 经常说“我不行”“我做不好”“我做不到”等；
- 与其他孩子做游戏时表现不积极，总是躲在别人的阴影下；
- 课堂表现不主动；
- 表现出挑衅，不考虑场合；
- 美术作业题目是自画像时，把自己画成丑丑的、小小的人，画在角落里，用灰暗、深沉的颜色画；
- 美术作业题目是画自己和亲人时，在有限的能力范围内，用现实的笔触刻画父母，把自己画成独眼小人；

- 有邋遢和散漫倾向，尤其是少年时期；
- 说话轻声细语，经常无缘无故地道歉，说话词不达意，使用阿谀谄媚的语调；
- 倾向于自我批评；
- 脸上经常出现痛苦的表情，与别人说话时逃避对方的眼睛，经常将身体蜷缩成一团、弯腰驼背，不希望别人注意到自己，坐在椅子边上，把脚藏在椅子下；
- 抱怨健康状况、挫折和委屈等；
- 过度关注自己的内心感受，活在自己的世界里，很少注意周围事物，不会公开表达情绪；
- 表现出防御攻击性，不信任周围人；
- 爱哭，对于别人的批评过于敏感；
- 想要成为独一无二的人，穿奇装异服，留杀马特发型，想要表现得与别人不同，少年时期尤为如此；
- 在所有方面都想成为第一名。

上述自我评价过低的特征在不同阶段以不同形式出现。如果儿童形成正确的自我评价，他们获得成功的可能性更高，因为这样的孩子不管前路多艰，都勇于克服困难。

如果从幼儿时期就经常向孩子灌输他们是最漂亮、最聪明的等等，他们的所有课程都应该得满分，是其他孩子学习的榜样，这类儿童容易形成过高的自我评价。在上述教育基础上，他们自然而然地高度评价自己，成长为一个“自大狂”。儿童需要有一定的野心，尤其是在人们约定俗成的观念中必须表现得“勇敢无畏”，但是这样对待小女孩容易产生诸多负面影响。要求孩子时刻表现得合乎标准，会让孩子害怕失去父母的爱。父母应该爱孩子原本的样子，经常表现和说出自己的感受。因为本来面目被爱的孩子是幸福的，不论成绩如何、表现如何，父母都一如既往地爱自己。但是，这并不是鼓励孩子懒惰、学习成绩差等。孩子无论如何都要努力学习，在力所能及的范围内独立，发展自己，但是如果父母的爱已经渗入他们的意识中，那么他们会坚信在前进的道路上有父母的支持与爱相随，自己可以游刃有余地解决所有问题。在这种情况下，孩子对自己形象的刻画更加贴合实际，可以形成正确的自我评价。

与孩子相处时，只能布置他们力所能及的任务。如果孩子觉得任务太难，就会放弃，久而久之，即使可以做到符合他们年龄水平的所有要求，依然会形成过低的自我评价。

自我评价过低的原因可能与家庭环境（父母一方缺席孩子的

成长、孩子与父母关系复杂等）和身体缺陷（肥胖、过高、视力障碍和口齿不清等）有关。经常受到大人的批评或者明明没做错事也受到批评、缺乏独立性（大人经常说“你还不能做这个”“你还小”“你不行”等）等都会造成儿童自我评价过低。

个人追求与所要达成的目标和任务的难度都会影响自我评价的形成。换句话说，每个人都想要达成最简单的目标，因为有这个能力。在教育过程中应该将孩子的追求及其是否有能力实现纳入考虑范围，只有这样，才能使孩子身心和谐发展。如果孩子的追求与自身能力不匹配，会发生阻碍其个性形成的冲突，如内心冲突、与他人的冲突。

可以在心理学家的帮助下克服自卑心理，让他们变得更加自信，不断发展自己，与他人建立良性互动关系。

可以通过简单的测试厘清 3 岁以上儿童的自我评价。在纸上画 10 级台阶，告诉孩子，第一级台阶上站着的是坏孩子，行为粗鲁任性，什么都不会做，第二级台阶上的孩子教养良好，而站在最后一级——第十级台阶上的是最好、最聪明和最漂亮的孩子。然后让孩子指出自己想站在哪一级台阶上。自我评价过低的儿童会指向 1~3 级台阶，自我评价过高的儿童指向 8~10 级台阶，持正确自我评价的儿童则会指向 4~7 级台阶。

第二章
孩子缺什么

Формируем здоровую самооценку

解读孩子敏感的自我意识

孩子需要的正是与父母交流，与父母一起做自己感兴趣的事，通过游戏发展个性，这对孩子来说是最自然不过的。虽然父母在阅读、做家务和解决难题等方面有孩子不可比拟的优势，但在游戏方面就是另一种情形了。玩游戏时孩子可以领先，可以提出自己的意见，这时他们是自由的。

“我们家的玩具多得可以开一家商店了，可是孩子却没有因此表现得更好，”一些父母说，“孩子到底缺什么？”确实，没人说过玩具是孩子行为得体与和谐发展的唯一条件。

你有没有注意到，哺乳动物的幼崽在出生后会一直跟在妈妈身边？确实，多舒服呀，可以躺在妈妈温暖的身体下，吸吮乳汁，高兴的时候和妈妈依偎在一起。你能想象某个四足动物妈妈对自己的孩子说离我远点，我现在很忙吗？但是，我们人类却总是对自己的宝宝说这种话。

如果向不同的人提同一个问题：“人为什么要结婚？”最普遍的回答大约是：“为了与最爱的人在一起。”问：“为什么和朋友见面？”回答多半是：“为了与朋友一起共度美好时光。”那么如果有人提问：“人为什么要生孩子？”答案就没有那么明晰了。确实，随着孩子的出生会产生大量问题：个人自由时间变少，需要花费大量金钱、心力。然而，人类还是在不停地生孩子，并为此做出各种牺牲。这到底是为什么？你会怎么回答？你是否喜欢和自己的孩子待在一起，和他说说话，陪他一起做某件事？

众所周知，人是社会性动物，与他人交流是和睡觉一样的自然需求，这一特点是与生俱来的。与即将上小学的孩子一起开座谈会，发现有的孩子不会做逻辑题，词汇量不够，然后这样的孩子身上会很快出现自我评价过低的征兆。与父母交谈，告诉他们现在有许多玩具和书籍，可以培养孩子的逻辑思维等品质。很多父母会说："家里有这类玩具和书籍，但是孩子都不看，也没兴趣。"现在我的问题就来了："你试着和孩子一起玩了吗？"这时父母经常疑惑地问："为什么？陪他玩真的有用吗？"这时成年人的逻辑又一次占了上风：想要学会某种东西，着手去学，自己就学会了。但是孩子拿到玩具或书之后，并不知道该怎么玩、怎么读，因为没有类似的经验。"这张图片是什么意思？"孩子这样想着，或者只是看看，或者给图片涂上各种颜色。孩子其实不知道物品的使用方法。同理，如果父母不读书给孩子听，他们也无法爱上印刷品。不能将我们成年人想当然的逻辑强加到孩子身上。孩子需要大人教自己如何玩耍、如何自娱自乐，就像教他们洗脸、穿衣和用勺子吃饭一样。似乎在过去的美好年代没有人特别注意这一点，父母很忙，孩子自己玩游戏。但是不要忘了，数十年以前很多孩子都有兄弟姐妹，即使家里没有兄弟姐妹，也可以到院子里和其他小朋友一起做游戏，从中获取各种经验。现在呢？很多孩子都是独生子女，经常在大院里集结的儿童团体也已成为过去，孩子没有机会与同龄人交流，这怎么能不产生矛盾呢？

因此，我们给孩子买成堆的玩具，布置一间最适合孩子身心发展的房间，但是为什么他还是会苦苦哀求："爸爸、妈妈，陪我一起玩吧！"父母很自然地生出愤怒之情："他到底还想要什么？"

孩子需要的正是与父母交流，与父母一起做自己感兴趣的事，通过游戏发展个性，这对孩子来说是最自然不过的。虽然父母在阅读、做家务和解决难题等方面有孩子不可比拟的优势，但在游戏方面就是另一种情形了。玩游戏时孩子可以领先，可以提出自己的意见，这时他们是自由的。父母应该看看，孩子在与大人玩游戏时思维是如何绽放的。他们兴致勃勃，对父母的陪伴充满感激和期待。

游戏可能使大人多多少少有些精神紧张，但这正是与孩子交流的过程。父母在此过程中付出的努力会得到很多倍的回报，因为你也想让自己的宝贝开心，在以后的人生道路上自信、成功。成年人交往时可以彼此交谈、一起做某件事，但是对于孩子而言，必须通过游戏实现上述可能。游戏不仅能让父母陪伴孩子，还可以帮助父母发现孩子的问题、愿望和恐惧。

当然，这并不是说父母必须时刻陪孩子玩耍，还可以与孩子一起散散步，说说话，一起做家务，或者做其他可以与孩子建立联系和发展其个性的活动，只能说游戏在其中有很特殊的地位，尤其是对于学龄前儿童而言。

想象一下，和父母相处对孩子的重要程度不亚于空气，而你拒绝和孩子交流，结果如何？孩子很快领悟到，他们静静地在角落里玩时，父母根本不会注意，而当他们开始捣乱时，马上就会得到父母的回应。刚开始时他们只是因为不熟悉或好奇犯了一些小错误，完全不是故意捣鬼，何况父母还放任不管，但自己的行为和所得到的关注之间的联系马上就被发现了。之后的一切都交付于孩子的想象力了。他们会如何激怒你以获得你的关注？方法多如牛毛。孩子会表现得很差，你会愤怒，即使这种方法很负面，但他们总归得到自己想要的了。然后他们习惯于用这种方式要挟你，并把这种行为模式复制到与其他大人的交往中，甚至复制到自己的成年生活中，后果可想而知。

有时，大人对同一个孩子的反应各不相同。比如，妈妈整天忙于工作，晚上还要做家务，她渴望休息，自然会责骂淘气、求关注的儿子。但是奶奶整天和孙子在一起，一起做各种各样的活动，孩子和她在一起时会表现得很平静。如果孩子和妈妈住在一起，没有奶奶，那么他就会很听话，独自做功课吗？那时妈妈更没有理由关注他了。“功课做完了？很好。”妈妈说，“现在我可以休息了。”孩子会通过做出某种出格的行为强迫妈妈关注自己。有些读者可能会问：“那么这个可怜的妈妈到底该怎么做呢？她确实没时间啊。”确实，很多妈妈要工作，下班后家里是她的第二个工作岗位，堆积如山的家务要推到什么时候去做？显然，全职妈妈会更轻松一些。但是忙碌的父母也不用绝望。孩子需要的不是父母专门抽出时间，不是和父母一起做某些特殊活动。晚饭时和孩子讲讲开心的事，睡觉前在孩子床边坐一会，做家务时把孩子带在身边，和他说说话。这样，当你闲下来时，可以陪孩子做一些你们都感兴趣的事。

但是，问题经常在于父母认为没必要给予孩子关注。最近一段时间，我常常听到各种抱怨自家孩子行为的声音：孩子太任性，不喜欢学习，不尊重长辈。而和父母深入交谈时，他们自己往往也承认，没有在孩子身上花太多时间，下班回来后只想休息，最多的活动是看电视。为什么看电视有时间，陪孩子没时间？问题多半不在于忙碌，而在于在父母心目中哪个更重要。孩子长期得不到足够关注，容易形成过低的自我评价，因为他认为对于他而言最重要的人——父母，并不需要他。

幼儿时期，宝宝还不能分辨人脸时，他已经能够通过温柔的抚触认出妈妈。父母对于他而言是爱、舒适和安全的港湾，他通过父母建立对世界的信任感，毕竟出生后接触的世界与在妈妈肚子里时完全不同。

特别忙碌的父母也要挤时间与孩子相处。有时做家庭作业也可以成为孩子和父母都享受的愉快时光。可以把孩子送到床上，陪他坐一坐，和他说说话，说得尽兴了再离开。孩子需要与父母相处，需要得到父母的关注，尽可能抽时间陪他是父母应尽的义务。

第三章
如果妈妈在身边

Формируем здоровую самооценку

解读孩子敏感的自我意识

在母爱的环绕中长大的孩子成年后会更加自信，这类孩子对自己的评价更加正面，将来也会更加成功。

在母爱的环绕中长大的孩子成年后会更加自信，这类孩子对自己的评价更加正面，将来也会更加成功。

婴儿与周围世界的交流方法非常有限。妈妈不能给他们打电话，说自己快回来了，以此来安抚他们。他们也不会因为得到礼物而高兴，甚至连表扬的话都听不懂。但是可以把宝宝抱起来，搂在怀里，用温柔的声音安抚他们。妈妈的温度、心跳声和说话声都是他在出生前就熟悉的。但是如果周围的一切都是宝宝不熟悉、不理解的，而他们又肚子疼、尿布湿了或者想要吃奶呢？此时，温暖的、亲爱的妈妈的手是不可替代的，它们好像救星一样，让宝宝想起在妈妈肚子里的美好时光。很多人会不赞同地说："又抱，这样会把孩子宠坏的，他们习惯了在你怀里睡觉，你会累坏的。"确实，在我们的文化中长久以来都存在这种对事物的看法，现在很多人还是这样认为。但是也有别的民族，他们的传统是妇女把孩子系在背上或肚子上，整天带着，也没有担心孩子被宠坏，对于他们来说这是事物的自然规律。哪种方法更好？宝宝对与母亲身体接触的依恋到底到了什么程度？我们以美国心理学家哈利·哈洛的试验为例。该心理学家致力于研究幼猴与母猴的身体接触对幼猴发展的影响，他把试验用猴分成4组：第一组——幼猴与母猴在一起；第二组——幼猴与母猴和同类隔绝；第三组——做一只外形与真猴相像的玩具猴，胸前安装可以提供奶的奶瓶，与幼猴放在一起；第四组——用铁丝做一只母猴，胸前安装可以提供奶的奶瓶，与幼猴放在一起。第一组幼猴很活跃，上蹿下跳地玩耍，时不时地跑向母猴，和它依偎在一起。第二组和第四组幼猴表现相似，它们胆小、易受惊，一直躲在笼子的角落里，长大后无法在猴群中生活，如果它们有幸能生出后代的话，完全不会给予自己的孩子任何一点关注。第三组幼猴比前两组幼猴勇敢得多。它们把玩具猴当成真正的母亲，也会搂紧它，需要它的保护，也会跑跑跳跳、嬉戏玩耍。与其他猴子关系的建立也比没有母猴养护的猴子更好。

孩子渐渐长大，但他们对于与父母身体接触的需求却没有减少。即使一直把幼儿抱在怀里，随着孩子渐渐长大，父母抱他的次数也会越来越少。把孩子抱在怀里照看是令人愉悦的事情。我们可以想象妈妈牵着学龄前儿童的手、拥抱他的画面，那么对于10岁以上的儿童呢？似乎对于“超龄”儿童产生温柔的感情有些不合时宜。

然而，缺少父母爱的孩子会形成过低的自我评价，变得更孤僻。

幼猴不仅在感觉到危险时才跑向母猴，而是不时地跑去找母猴。好像要汲取母猴身上的温暖。儿童这种对于抚触的需求自然流露。成年人会拥抱心爱的人，想要安抚某人时会把他搂在怀里，看到相互拥抱的爱人时会会心一笑。但在很多情况下，这种规则并不适用于儿童。

女孩通常比男孩幸运。俄罗斯传统是对男人的要求更加严厉：男人不允许展示软弱的一面，男儿有泪不轻弹，必须表现得强大、勇敢，通常以此为样本教育男孩。如果小男孩还可以哭泣或被温柔对待的话，从一定年龄开始大人会嘲笑、挖苦他："你怎么跟女孩似的？" 虽然男孩和女孩都需要父母的温柔对待，但是随着男孩年龄的增长，需要选择最合适的身体接触方法表达自己的爱。可以选择不夸张的身体接触：友好地轻拍、开玩笑地责打等。

虽然女孩占尽优势，但还是经常缺少父母的柔情。少女时期是危机期，此时正是陷入初恋、从丑小鸭变成白天鹅的时期。这个年龄段的孩子会因为自己的外形和对异性的吸引力而烦恼，这是异常艰难的时期。如果此时父母拒绝与女儿有感情上的亲近和身体上的接触，她可能会封闭自己，在家庭之外的地方寻求慰藉。正如你猜测的那样，安慰她的人通常是男孩或年龄更大的男青年。女孩渴望被爱，但是可怜的姑娘并不明白，这些年轻人无法给予她所渴求的温暖、可靠的爱情，因为他们自己也不够成熟。所以，在培养少女正面自我评价意识方面，父亲的认可和爱显得尤为重要，因为这实质上正是姑娘渴望的男人的认可。

如果青春期正好赶上弟弟妹妹出生，会让他们完全偏离熟悉的轨道。妈妈自然会花大量时间在家里的小宝宝身上，爸爸整天忙于工作，他们会觉得父母完全不爱自己。面临这种情况，父母必须理解孩子，给予他们足够的关注，不仅要关心身体，还要关心个性发展。

第四章
儿童获取关注的方法

Формируем
здоровую
самооценку

解读孩子敏感的自我意识

为了理解别人的想法，必须设身处地地为别人着想。这个道理也适用于急于寻找与孩子良性互动方法和盼望孩子成为健康、幸福的人的父母。

儿童直接、情绪化地理解某些事件，因为他们的逻辑思维发育不完善（尤其是学龄前儿童）、生活经验不足，儿童有时会将完全没有任何关系的事件联系在一起。因为儿童刚刚认识世界，得出某些自己关于世界的结论，甚至有些逻辑不通的事情在他们眼里也是理所当然的。他们还没有认识到，有些东西可以反复出现，有些东西则会一去不返。

儿童行为模式中最严重的“不合逻辑”是儿童常常渴望得到父母的爱和好感，甚至为此做出不得体的行为。好像所有儿童都明白，如果表现得好，首先不会被责罚，其次可以得到大人的认可，此处是“可以得到”，而不是“一定能得到”，因为大人只会注意到孩子不好的行为，好的行为在他们眼里是不需要特别奖励的。然而，就算明白这个道理，很多儿童还是表现得很差。这是为什么？正是荒谬的儿童逻辑在作怪。儿童非常渴望大人的爱和鼓励，但是即使是获得父母足够的爱和关注的孩子，偶尔也会“考验”一下父母的爱。“我要是这样做，你还爱我吗？”“这样呢？”孩子需要确信，无论他们什么样，父母都爱自己，父母的爱是无条件的。但是并不是所有的父母都能理解孩子的做法，或者即使猜到了原因，还是会惩罚孩子，即剥夺父母对他们的爱，比如长久地沉默，不理孩子。有时父母直接对孩子说：“哎呀，你真是个坏孩子，我再也不爱你了，离我远点。”在这种情况下，父母希望孩子醒悟，知错就改，不再做出类似行为。可实际上孩子一字不漏地相信了父母的话，有些已经上小学的孩子都会相信。对于他而言最难以接受的是：自己的父母不爱自己。当然，饱受这种想法折磨的孩子会尝试通过各种方法重新赢回父母的爱和好感。这些方法包括表现良好（如果孩子具有和父母良性互动的经验）、任性和捣乱。但是如果父母反应冷淡，一次又一次剥夺对孩子的爱，他们会失去赢回父母的爱的信心。孩子确信自己无能为力，等待他们的只有大人的责骂、惩罚，所以也不再试图改变状况，决定破罐子破摔。与孩子的关系发展到这一步，会非常难以处理，此时孩子自我评价过低，拒绝与人交流，不信任任何人，没人可以给予他榜样的力量，因此要求他遵守纪律几乎是不可能的。所以孩子必须明白，父母、亲人爱他们本来的样子，但是爱归爱，做错事一定要惩罚。

剥夺父母的爱造成的后果大多是负面的。

有些父母经常说："你再这样气人，就把你送人。"虽然大孩子不相信父母真的会将他们送走，但这样的话也会给孩子内心深处带来莫名的不安。

为了理解别人的想法，必须设身处地地为别人着想。这个道理也适用于急于寻找与孩子良性互动方法和盼望孩子成为健康、幸福的人的父母。

但是有的父母经常好心办坏事，比如，小孩子耍脾气，一切刚开始出现苗头，而你发现了孩子表现不好，想要限制他的行为，将他引向正轨。假如你的方法没有成功，孩子情绪爆发，号哭不止。此时，有些父母心疼孩子，会搂在怀里安慰。儿童逻辑瞬间占领高地：只要歇斯底里地哭叫就会得到安慰！此时父母实际上鼓励了孩子的任性，长此以往，孩子会惯用这种方式要挟成为众人关注的焦点和达到自己的目的。那么如何避免这种情况发生呢？毕竟在此情此景下，孩子确实非常惹人怜。最好的办法是不要用言语安慰他。可以把他抱起来，放在大人膝盖上，但是大人保持沉默，只是把他搂在怀里，不要说话。等孩子逐渐平静下来，大人再开始说话。这时才是针对孩子的行为展开说教的最好时机。孩子也得到了教训：当我大哭大闹时，父母在我身边，但是他们并不鼓励我的行为。

有时，孩子在自己的潜意识里将毫无关系的事情联系在一起。比如，将自己的行为与父母离婚关联起来。“我爸爸走了，因为我不乖。” 6岁的小男孩说，他虔诚地相信这一点。他的妈妈决定借此机会修正儿子的一些不好的行为。此时她还不知道该怎么教育儿子听话，就对他说父母离婚是因为他表现不好。听到这些话的小男孩是什么感觉？他感觉自己是个坏孩子，毁了父母的生活，这对小孩子来说是不可承受之重。最严重的是，孩子渐渐长大，负罪感却挥之不去。即使长大成人的男孩已经明白，父母离婚不是他的错，却难保在某些情形下，不会再重温这种噩梦般的感觉。对待负罪感和爱的剥夺必须慎之又慎。

孩子逐渐长大，他们已经不再轻信大人的话，学着保护自己，但是内心深处仍然饱受自我评价过低的折磨，将自己的错误和失败归咎于某些外部原因，把错误推到别人身上，对待他人的指责反唇相讥。孩子在儿时感受到的父母无条件的爱是其正面自我评价的保证，是我们人人遇到人生风浪时渴求的避风港。

第五章
父母的要求和期望

Формируем здоровую самооценку

解读孩子敏感的自我意识

有些父母无论如何也不能接受自家孩子的学习成绩中等，他们使出“洪荒之力”望子成龙、望女成凤，或者希望孩子至少接近成才的状态。这类父母尽一切努力达成这一战略目标：给孩子请家教，自己帮孩子补习。他们把孩子每一次考砸视作家庭灾难，让孩子生出自卑感。孩子通常也很难面对这种情况，不仅是结果本身，更难面对的是父母。

有些父母无论如何也不能接受自家孩子的学习成绩中等，他们使出“洪荒之力”望子成龙、望女成凤，或者希望孩子至少接近成才的状态。这类父母尽一切努力达成这一战略目标：给孩子请家教，自己帮孩子补习。他们把孩子每一次考砸视作家庭灾难，让孩子生出自卑感。孩子通常也很难面对这种情况，不仅是结果本身，更难面对的是父母。害怕让父母失望，他们往往加倍努力，可正是多付出的努力和多余的担心横亘在前进道路上，比任何障碍都难以跨越。心理学家曾经做过一个试验——给一组试验对象布置一项中等难度的任务。心理学家向第一组试验对象承诺，任务完成奖励可有可无，只是象征性的奖励；向第二组试验对象承诺的是还算不错的奖励；而向第三组试验对象承诺的却是非常丰厚的奖品。这3组的试验结果大相径庭。你大概已经猜到了，完成度最好的是第二组。第一组试验对象懒洋洋地做任务，他们没有足够动力前进，而第三组为了丰厚的奖品全力以赴，结果却不尽如人意，过犹不及。

如果孩子的学习道路不是一帆风顺，他自然需要大人的帮助，孩子还没有能力和条件独自走出困境。他们可能需要咨询专家（言语障碍矫正专家或心理学家），需要课外补充和扩展活动。还有一点要注意，孩子的发展不是一成不变的。在小学经常考满分的孩子可能后来只能及格，而刚开始只能及格的孩子可能慢慢地变成学习成绩良好的学生。所以任何时候都不需要感到失望。学习成绩落后的孩子可能课外活动成绩斐然（比如体育、音乐等）。在其他非学习领域的成就会支持孩子形成正面自我评价，不至于绝望和垂头丧气，不会觉得自己是个失败者。

为什么取得成就对孩子来说如此重要？学龄前儿童只要得到家人的认可就足够了。但已经踏入校门的孩子要求却不止如此，他还需要得到社会的认可。正因如此，孩子才会因为作业没有得到老师的表扬、因为某事被同学嘲笑而感到难过。那么，我们作为成年人，对于儿童的这些心情又是如何回应的呢？相当一部分父母安慰孩子时语气中带有成年人的调侃："得了吧你，今天吵架，明天和好，后天又好得跟一个人似的，一切都是浮云。"这些话孩子听到会接收到什么信息？"你的难过一文不值，我是不会管的。"我们成年人总是从自己活过的几十年的高度出发，在成年人的世界里自然有更大的问题和困难，孩子的小小委屈在这些问题和困难面前不值一提。确实如此，想象一下下面的场景：你被疾驰而过的汽车溅了一身泥水，或者丢了钱包，或者被困在电梯中半个小时。你想听到别人如何回应你的感受。“一切都是浮云，生活中总有更难过的事情！”恐怕没有人会喜欢这种回答，我们都希望被同情、被理解，虽然理智告诉我们，所有的苦难都能挺过去。孩子的难过也是真实的，同样希望听到父母支持的话语。一定要告诉孩子，爸爸妈妈理解他的感受，他的难过、委屈对于父母而言不是无关痛痒的，是非常受重视的。此外，父母还可以为孩子提供一项作用不可估量的帮助：向他解释其他人的行为动因。孩子自己还很难理解，为什么一个人是这样的，另一个人却完全不同，你可以帮他厘清人际关系。

还有一种父母会这样回应孩子的抱怨：“这个孩子怎么能这么说你呢？明天我找他理论去！”确实去找了，也理论了。最后的结果是盘问一番，顺便威胁他：“再敢欺负我儿子试试！”如果某个女人在公司里和女同事吵架了，她丈夫知道了，去妻子上班的地方找女同事理论，我们一定人人摇头：这太荒谬了。但对于孩子来说这一幕屡屡上演，父母不仅在自家孩子年龄还小时试图为其提供保护，孩子长成少年还这样做，实在不能容忍。试想一下，你去学校闹过后，同龄人还会尊重你的孩子吗？多半还会给你家孩子起外号，加倍戏弄。这样的父母其实没有给孩子自己解决问题的机会。几次三番之后，孩子摸到规律，如果我受委屈，只需向父母抱怨，父母自然就替我解决了，我什么都不用做。而且发现自己有影响父母的能力，做错事也不会被惩罚后，孩子的行为更加肆无忌惮，完全不考虑后果。这种行为继续发展下去会产生什么后果？有时候欺负人的小朋友的父母也想要找威胁自家孩子的人理论，那么小孩子之间的冲突就会发展为父母之间的冲突。

第六章
教育方法和类型

Формируем здоровую самооценку

解读孩子敏感的自我意识

很多父母一遍一遍地教孩子，总觉得孩子要接收所有信息并认真服从，但教育不是建立在一句“我已经跟你说过了”之上的。

教育方法

古老的教育信仰和热情催生出3种最常用的教育方法，分别命名为“行为规范”“花园与菜园”“皮鞭与蜜糖”。只有合理运用和组合上述方法，才能将孩子教育成自我评价符合自身实际的独立个体。

“行为规范”

认为教育孩子就像交规培训一样，孩子只要学会一系列行为规范就足够了。如果孩子行为不端，立刻想到父母没有向他讲明该如何为人处世，指责孩子的父母偷懒、不尽职尽责。继而联想到幼儿园、学校都没有给孩子讲清楚……

成年人总是笃信自己说过的话的力量：“我已经跟你说过了。”“还要我重复几遍？”“你听不懂吗？”“我警告你。”

对语言魔力的深信不疑是因为坚信整个人生即是服从体系的建立。很多父母一遍一遍地教孩子，总觉得孩子要接收所有信息并认真服从，但教育不是建立在一句“我已经跟你说过了”之上的。“行为规范”模式，对教训和斥责魔力的信仰已经在我们心中生根发芽。魔性的“我已经跟你说过了”起不到任何作用，孩子对“同一句话还要我重复几遍？”也懒得理睬。总是要求孩子遵守规范和事事顺从只会压制他们的个性，阻碍其自身发展和独立性的养成。

“花园与菜园”

第二种方法基于父母错误的认知，更准确的是无意识的错误见解，认为孩子是菜园中的畦垄或花园中的树木，而父母是园丁，清除孩子心灵的杂草和长得不好的秧苗，或者将正面品质嫁接到花园中树的嫩枝上。但孩子既不是畦垄也不是树，他们是活生生的人，不会任由操控。父母总是在和孩子斗争，试图把他们的缺点连根拔起，但这样的战争从来没有吹起胜利的号角。

很多父母在漫长的一生中都没有停止过与孩子的缺点做斗争，这一过程可能会延续到 17 岁、25 岁甚至 38 岁。父母在多年时间里孜孜不倦地斗争，因为他们坚信，根除孩子的缺点是父母的职责。对此俄罗斯著名教育学家苏霍姆林斯基说过：“如果用萌生的大量新优点驱逐缺点，孩子身上的小毛病可以被根除，消失无踪，消除缺点的同时不会带来任何负面影响，这条路是行不通的。”

激进的教育方法妨碍儿童的和谐发展，还会使他形成二分世界观（黑与白、可以与不可以、批评与表扬）。儿童在这种情况下经历心理困扰，沟通技能无法得到发展，无法做出正确的自我评价。

拔除缺点是无意义的行为，无法取得预期效果，父母越坚信这个道理，对父母和孩子越有好处。相比徒劳无功的斗争和追逐彻底清除缺点的幻想，还有更加有效的方法。

遵循“花园与菜园”原则，出于良好的动机，父母总是在和孩子争吵，逐渐击垮相互理解的桥梁，挥霍孩子对自己的信任，所有教育活动都成为无望的、无意义的行动。而且父母无法理解为什么会发展成这种局面。

“皮鞭与蜜糖”

最后一种方法是“皮鞭与蜜糖”。在很多人看来，这种方法本身具有优越性，似乎每个教育元素都应顺利发挥作用。原则很简单：表现好就奖励，表现不好就惩罚、责骂、责备。一言以蔽之，一切都非常简单，毕竟世界也以此原则为基础运转。

亲爱的父母们，这个想法大错特错。世界上不是只有奖励和惩罚，原则上，世界以另一种方式建立。世界是任务、选择机会、目标和方法组成的闭合链条。不正确的选择可能造成不好的、严重的后果。品德优良并不总是能得到应有的奖励，因为生活有时候就是奖惩不分的。除去社会不公外，还有不幸、损失、灾难和疾病等，它们不会总是降临到罪有应得的人头上。

孩子刚出生时，父母就用鼓励和惩罚法教育他，一方面是父母想让自己更轻松；另一方面是向孩子灌输全世界通用的“皮鞭与蜜糖”教育法，摧毁孩子对公平的信任。生活中的公平并非奖励好人好事，惩罚坏人坏事。公平不是报应和复仇，世界也不是市场，可以以货易货、等价交换：“我做了好事，你也一定要以德报德。”如果不能如此，是不是除了变坏没有别的出路？人本质上不是商人，而是创造者，因为生活即是创造的过程，生活带有问题性，而不是交换性。世界的公平体现在它的创造、问题和我们的活动与抗争中。只要人还活着，就有机会发挥作用、追求幸福，这才是公平所在。

父母可以选择如下方案——完全指望、信赖孩子的内心力量，不需要吓唬他们，他们调整自己前进的脚步不是因为害怕，而是拥有内心力量和秉承自尊自爱的信念。或者不认可、不信任孩子，不信任自己的内心和精神力量，采用更加偷懒的方法——“皮鞭与蜜糖”。如果坚定地贯彻这种教育方法，不能说它无效，只是它具有阴暗的一面。这种教育方法对于孩子来说很危险——可能培养出这样的人，面临人生第一次大的挫折时，会理所当然地生出一种念头：“我为什么要抗争？”继而不再寻求解决之道，失去生活信念，失去对爱情和公平的信任，我行我素，甚至成长为一个没有道德的人。然后轮到父母思考和揣测，为什么？所有细节按部就班，可结果为什么不尽如人意？

教育类型

父母常常根据心理特点、自身经验选择教育类型，并不总是考虑其对孩子造成的影响。没有能力审时度势、选定和深入思考某种教育方式，不能理解孩子，也不能以成年人的角度对孩子做出回应，上述能力的缺失会造成父母做出自动、偶尔模式化的反应。这些反应表现形式不同，但都压制了孩子的个性，阻碍其发展，使其形成过低的自我评价。

灰姑娘

灰姑娘教育模式——明显或隐蔽的情感排斥。孩子感受到并一直被证实，没有人爱他们，这不是错觉。每个孩子对痛苦的真相反应各不相同：封闭自己，走进凡事可以靠神话、魔法力量解决的幻想世界，试图引起别人对自己的怜惜之情，博取关注，想要被注意和被爱，变得暴躁无比，报复父母对自己的轻视和排斥。

过度保护和纵容

在任何时间地点、任何事情上放任孩子，把孩子捧在手心里、含在嘴里，让他们在没有任何风浪的温室中长大，剥夺他们独立的机会。这样的孩子多半会成为任性、挑剔、没有坚强意志、始终长不大、不能独立做决定、没有责任心的人，极有可能成为酒鬼和社会败类。

疏于保护和教导

这是教育过程的缺失，但不是教育的完全缺失。疏于保护和教导会造成孩子无人照管，其学习社会行为技能的过程艰难无比，多半会游手好闲。其实其他教育形式也会催生出类似行为。

军事化教育

这是地狱守门人式的严酷和冷漠教育，目的在于使孩子形成更高的责任感，更听话。这种教育方式常与体罚配合使用。孩子表面上非常令人满意，也没有后顾之忧，但其内心无法摆脱类似于强迫症的心理障碍的侵扰。

矛盾教育

矛盾教育是一种特殊的教育形式，流传范围越来越广：爸爸对孩子的要求与妈妈和奶奶对孩子的要求不同，每个人都想把孩子拉向自己这边，对孩子行为模式的要求是相互排斥的。孩子该怎么办？如何摆脱这种境况？类似的极端情况必然在孩子心里留下阴影，不利于孩子形成正确的自我评价。

第七章
父母的类型及其对孩子的态度

解读孩子敏感的自我意识

儿童心理脆弱、易受伤、没有安全感，无法抵御周围环境的影响。除了父母，谁又能保护孩子，帮助他，用善良和关心守护他呢？

父母的类型

儿童是教育对象，教育过程在教育方法的基础上形成，可以根据教育过程中采用的教育方法将父母分为和谐型、不稳定型和古板型 3 类。

和谐型父母

接近于某种程度的平衡，趋向于理解孩子，相信自己的直觉，承认自己还不太了解孩子，所以会一直研究孩子的心理、行为，可以灵活地改变自己对孩子的态度。这类父母很大程度上是乐观主义者，一直有幽默感，对家人也是如此。满腔热忱地生活，同时对事物有冷静的怀疑，是善良的人，又有一点自私，非常勤劳，偶尔也会偷懒。还可以举出这种类型的父母的各种品质，但是绕不过去的是以下 3 点：有自我批评精神，但不会自责；追求自我完善，但并不狂热；感恩生活。

如果父母双方都属于和谐型，那孩子是相当幸运的。和谐型父母由两部分组成：爸爸和妈妈。即使两人并没有保持严格的步调一致，最重要的是双方互补，一方的优点可以弥补另一方的缺点。在这类父母的教育下，孩子的自我评价通常更正面，对生活充满信心，随着年龄的增长更容易在各领域取得成功。

在和谐的家庭中长大的孩子不仅更自信、开朗、乐观，身体也更强壮。这类孩子很少生病，身体素质好，更加独立，能够更好地适应生活中的各种变化。

不稳定型父母

这类父母状态不稳定，作风前后不一，整天瞎忙，容易从一个极端陷入另一个极端，不评估实际情况使用相当多的教育方法。比如，过度关心、担心孩子，从放纵到压制，过度要求和惩罚孩子，然后再重新回到放纵孩子阶段等。

起初孩子会感到混乱，不明白父母到底要求他成为什么样的人，但是随着时间的推移，逐渐适应这种混乱状况，开始操纵父母倒向对他有利的一面。

这类父母内心状态相对稳定，孩子在这种情况下很难获得自身发展。

古板型父母

绷紧一条教育线，不与其他教育方法配合使用，不设过渡地带，非黑即白。这类父母内心想法相当稳定、僵化。

该分组中对于孩子而言最恐怖和最危险的父母是令人感到压抑、厌烦的父母，这类父母注定让孩子遭受痛苦，让试图反抗的孩子变得不真诚，让被压制天性的孩子生出意志力缺陷。最悲惨的是妈妈离家出走，没有任何预警，血淋淋的事实如此野蛮、残酷地展现在孩子面前。生活在这种家庭中的孩子缺少爱和温暖，非常不自信，与人交往和建立亲密互信关系非常困难。

综上所述列出表 1，你可以通过对照表获知自己是哪种类型的父母。

表 1　父母的类型对照表

和谐型	不稳定型	古板型
根据实际情况采用不同的教育方法	不评估实际情况使用相当多的教育方法	仅采用一种教育方法
不断研究孩子的心理、行为	不考虑孩子身上的问题	认为孩子不能出现问题

续表

和谐型	不稳定型	古板型
自我批评	表面不稳定，但内心情绪相对稳定	父母的权威不容撼动，大人永远是对的，内心状态绝对稳定、刻板
追求自我完善	不确切知道该如何教育孩子，总是站在选择的十字路口，经常随波逐流	无所不知，包括知道如何教育孩子
乐观主义，感恩生活	不自信、不稳定，总是犹疑不决	保守、守旧

儿童与教育

作为父母，怀着最真诚的爱和最美好的愿景将自己的性格展现在孩子面前，不论是缺点还是暂时不尽如人意之处、阴晴不定的心情、自私、疾病和一大堆没有头绪、无法解决的问题——最好的和最坏的一切。孩子是反映父母所有内心感受和所面临困难的镜子。不能把教育归结为简单的生产流程，父母是创造者，而孩子一定会成为我们期待的样子。教育过程是双向的，孩子同样在改变我们，以自己的力量影响我们，作为对我们教育尝试和教育措施的回应。所以有些孩子会把父母气病、气死，有些孩子却能让父母长命百岁。

人们普遍认为，孩子在家庭中永远是受父母影响的。因此，父母如何行事决定孩子的行为反应。

父母有积极和消极之分。积极的父母给孩子过多关注，消极的父母忽视或几乎不理睬孩子。

一定不能忽视孩子与生俱来的个人特点，其个人特点决定面对父母的教育措施和教育方法时会做出何种行为反应。

如果父母在已经没有生育希望的时候老来得子，而且是家里唯一的孩子，父母自然希望把他永远护在羽翼下，关心、宠爱他，会因为各种原因陷入恐慌，在孩子身上砸钱。乐观、和谐的孩子承受着这种压力，试图冒险从父母的羽翼中爬出来，但都会被挡回去。如果孩子变得焦虑、忧郁，面临性格扭曲和个性丧失之痛，你该怎么办？

意志消沉、行动迟缓和没有人生目标的孩子会促使沉稳的父母对其过度保护，这无疑会限制他们的发展，将消极态度更加深植于心中。如何打破这种怪圈？

容易激动、主动、活跃的孩子会很快脱离漫不经心的父母的掌控，给自己和周围人造成极大麻烦。如果父母足够主动和坚定，可以保持亲子关系中的相对平衡。如果一方攻击性过高，生活会变成十足的噩梦，彻底落入控诉、指责和惩罚的旋涡。

经常听说，同一对父母养育的几个孩子完全不同。反常还是合乎规律？答案不是只有一个，却很明显，每个人都是独一无二的个体，既有优点也有缺点。心理学教科书中经常举例说明：在独断专行、令人压抑的父母主导的家庭中，成绩非常优秀的孩子最终结局如何？情况大致如下：其中两个孩子已经生成自我保护机制，效仿父母的教育方法，有了孩子之后也成为同样的父母。其他 3 个孩子中，一个成为否定论者，性格凶狠，时刻需要自我肯定；另一个性格软弱，没有主见，成为没有责任心、生活放荡的人；第三个神经过敏，性格抑郁，自杀的概率非常高，对于他而言，任何一点压力、暴力或指责都是禁忌，因为他无力自我保护。

父母留在孩子心灵上的烙印之深是无可比拟的。孩子的世界是由父母的世界片段组成，这个小小的世界脆弱、不堪一击，无法经受考验，因为你（父母）不是他（孩子），他也不是你。

关心和爱的表现

我们都明白，为了孩子个性的充分发展，必须给他们足够的爱抚和关注。小孩子的感官需要足够数量的刺激，这样随着心智的发展，可以接受更复杂、更多的外来信息。

遗憾的是，现在很多父母由于各种原因无法给孩子足够的情感信息，或者过度疼爱孩子，让他们永远长不大。两个极端情况：缺少父母的爱——不好，爱过多——也不行。

现代社会，父母很忙，没有时间陪孩子玩耍，只能给他们买大量玩具，无法和他们交心，无法多爱抚、拥抱他们一次。孩子感到孤独，继而形成病态的自我评价。随着独生子女家庭数量急剧增长，还有一些家庭父母在35岁以后才生最后一个孩子。这种情况相当危险，物质富足的孩子可能变成家里的小霸王或意志薄弱者，不能独立解决问题。类似问题也出现在欧洲、北美和加拿大。最近几年这股浪潮席卷了中国，因为推行计划生育政策，人口出生率急剧下降，出现越来越多的独生子女家庭。在这种情况下，自私、任性和挑剔的年轻人越来越多，这让中国家庭、学校和整个社会震惊和不解，问题蔓延至全国。

儿童和谐发展所需的父爱和母爱问题已经严重到超出儿童年龄范围，具有社会性。如果父母给予的爱太极端（过多或过少），对于儿童而言具有无法预测的负面影响。

即使孩子长大了，父母还是会把他当成小孩子。有了孙子之后，爷爷奶奶把累积的、无处宣泄的爱一股脑地倾注在孙子身上，这同样行不通。办法只有一个：不要吝惜自己对孩子的爱，也不要用自己的爱限制孩子。爱别人的孩子、爱自己的父母、爱自己、爱整个世界，有你的榜样在前，孩子耳濡目染，也会热爱生活，形成正确的自我评价。

情感信息不足（缺乏父母的爱）与社会信息不足相结合。近朱者赤，近墨者黑，与身边的人“相像”对于个性的形成具有非常重要的意义。如果周围人和谐又多种多样，孩子也会成为和谐的人；如果情感丰富和富有同情心的人不断出现在孩子的生命中，他们也会变得情感丰富和富有同情心。

儿童用信任、坦诚的目光看着大人，因为他们相信，周围的大人会给予他们所需的一切。如果儿童得到的过多或过少，都不是他们的错。

父母的关心和爱……关于这个话题已经说了很多。父母的关心和爱是包罗万象又平常的，是盲目和克制的，是无处不在又受限的，是恰如其分和不恰当的。定义不一而足，我们选择哪一个研究？为了弄清楚孩子和父母之间出现的问题，我们重点研究文学作品（专业文学和通俗文学）中常出现的定义——父母恰如其分的爱。还要注意一点，任何定义都是相对的：相对于该儿童和他的父母，该国家和这个国家的家庭。

父母恰如其分的爱

父母恰如其分的爱的经典定义：这是有分寸的爱，完全符合儿童的要求。我们主要研究对“分寸”的理解。各种情况下都有相对于时间、地点和具体情况的分寸。举一些简单的例子说明。

如果孩子沉默、克制感情，对父母的爱表现得很冷淡（表面上），这类孩子需要关心和爱，但是必须是克制的、无形的爱，偶然才能感觉到的爱。父母对待外表“冷淡”的孩子的态度常常是错误的，不陪他们一起玩耍，不爱抚他们，因为他们认为这个孩子“没有心肝”。

如果孩子感情丰富、容易激动，时刻小心分析父母的一举一动、每一句话，害怕不再被爱。这类孩子需要经常确认父母的爱，这种情况下的“分寸”与上一种情况完全不同。

如果宝宝出生之前，父母就开始考虑该如何教育他们，把他们培养成最聪明、最能干和最幸福的人。这样的孩子极有可能取得杰出成就。相反，如果孩子出生前就为他们安排英语和法语、花样滑冰、芭蕾舞等课程，父母多半没有考虑到，个体生物学和社会学发展规律是不可跨越的，孩子的心理发展必须遵循一定的顺序，任何不考虑孩子实际能力、揠苗助长的行为都会带来不可挽回的伤害。

由于父母的错误理念造成孩子形成病态世界观，这种情况会在他们以后的人生道路上留下不可磨灭的印记。

儿时接受的信息会形成孩子以后的人生本质及其个性基础。以未出生的胎儿为教育对象的独立教育学科——“胎教”正在形成。

东方世界观自远古时期起把胎儿孕育时间，而不是出生时间，计为生命的起点。东方哲学以此观点解释宫内发育期胎儿与外部世界的关系，这种关系预先培养了宝宝的经验和处世之道。宝宝刚一出生即对世界有一定的认识，认识世界的声音、气味、危险和喜怒哀乐。妈妈及其对宝宝的态度具有重要意义。一般认为，妈妈和肚子里的宝宝说话，向他解释世界是如何形成的，这一过程是为他们以后的人生做铺垫。

现代研究人员致力于研究女人孕期的心理状态。慈爱、心情良好、稳定的母亲会生出更自信和有安全感的宝宝。研究人员认为，母亲长期心情低落、暴躁或情绪不稳定对于胎儿来说非常危险，在这种环境中成长的宝宝表现为神经质、经常做噩梦和精神紧张，幼儿时期伴有情绪不稳、过分小心眼、容易激动和有顽固的心理偏差。

母亲与胎儿形成良性情感联系的最佳时期是宫内发育的最后

两个月。准妈妈与宝宝共生共存，在另一个个体身上得到生命的延续，保护宝宝远离所有危险。宝宝在母亲营造的安全氛围内发育。妈妈发起的内部对话为母子未来的情感联系积蓄能量，母子情感联系在宝宝出生后的爱和爱抚中继续良性发展。

宝宝出生后的发展则取决于很多因素。即使孕期妈妈对宝宝很冷淡，随着宝宝的出生，惊人的情感洪流也会汹涌而来，催生出无止境的母爱。

如果母爱没有出现，宝宝变成孤儿，父母不认他，抛弃他，没有把他从妇产医院带回家，会造成什么后果？

儿童是惊人的存在，他们的内心潜藏无限忠诚、爱和纯洁。如果孩子永远不长大，生活在对他们而言最美好的世界里，如果他们从不接触大人虚伪、自私的世界，世界更加纯净，儿童的率真自然和他们对美好事物的坚定信念一定会占上风。

如果某人在孤儿院的孩子面前说了关于父母的无心快语，这些孩子即使知道那人不是故意的，也会燃起烈火般的报复之心，找那人打架。孩子们给圣诞老人写信：“圣诞老人，请帮我找到我的妈妈。妈妈并没有把我遗弃在孤儿院，是有人把我从她身边偷走，又偷偷放到这里来的。她一辈子都在找我，却找不到。请你帮帮我和妈妈，帮我们找到彼此……”

母亲对于孩子而言是保护、依靠、希望和快乐的代名词。不论孩子多大，这些情感是渗透在血液中的。如果妈妈没有履行母亲的使命，这对孩子来说是非常残酷的。

儿童心理脆弱、易受伤、没有安全感，无法抵御周围环境的影响。除了父母，谁又能保护孩子，帮助他，用善良和关心守护他呢？

幼年时期形成的一切品质会贯穿一生，所有教育失误和缺陷都会在少年时期无限放大，所以最重要的是让父母了解何时可以犯错，何时犯错会导致无法挽回的后果。必须用心感受孩子身上的变化，并把他们引向对于自身和父母而言正确的轨道。

宝宝出生了。文中不止一次强调，必须满足宝宝对于爱抚和一定刺激的需求。这在很大程度上取决于家庭成员之间的关系。如果家庭不和睦，没有人关注孩子，那么他们在各方关系上都会表现很差。如果父母忙于争权夺利，不是孩子的领路人，而是最凶恶的敌人，孩子该怎么办？他们的心灵会经受何种打击？他们会完全迷失……

父母吵架是孩子最痛苦的事。他们下意识地感觉到父母之间的战争让自己不幸福，所以他们试图用尽各种方法化解冲突，做到能力范围内的所有事。孩子害怕失去母爱和父爱……

丧失

20 世纪出现并频繁使用“丧失”这一术语，该词语从拉丁语翻译而来，意为“失去”。

到底什么是“丧失”？医学家和心理学家赋予该词什么含义？

丧失 —— 这是由于某些生活状况产生的状态，生活状况指的是主体失去在相当长时间内完全满足自身心理需求的机会。

“丧失”一词更简洁的定义 —— 生理需求得到满足、心理需求未得到满足的状态。举一个简洁明了的例子 —— 父母常常感叹：“吃饱、喝足、穿暖，孩子还想要什么？”

下面列出几种更加详细的丧失情况。

情感丧失

情感丧失指的是长期没有感受到爱抚、关心，没有得到人类的温暖和理解。很多人把情感丧失与缺少母亲的关怀混为一谈。但是缺少母亲的关怀是更加广泛的概念，包括社会丧失，所以正确的说法不是缺少母亲的关怀，而是得到的母爱有限，而且不仅如此，父爱、同龄人之间的友谊和关爱同样有限。

如果妈妈长时间不和宝宝说话，就是对他们极大的惩罚了。即使在极短的时间内没有得到最亲的人的关注，他们也觉得很难熬。幼儿时期受到父母的排斥，尤其是妈妈的排斥，是形成很多心理情结的主要原因。

感觉丧失

这也是范围相当广泛的概念，是人类交流的丧失，无法用母语交流，完全与外界隔绝。

社会丧失

这是社会影响不足、无人照管、流浪和社会信息接触不足造成的后果。

各种形式的丧失彼此紧密联系。但是，长期情感丧失和其他形式的丧失并非一定能够造成心理创伤。这取决于相关因素作用的明显程度和时间长短、影响机制的自然属性和稳定性以及各种各样的其他原因。处于各种丧失条件影响下的儿童，绝大多数不会出现心理障碍。只有小部分人会出现某种心理创伤。外部影响和软弱的个体素质同时发挥作用时，才会出现偏差。

对爱无止境的需求是儿童的显著特点。不难想象，得不到父母的爱或得到父母单方面、病态的爱会给孩子带来何种痛苦和感受。

这种感受不会随着年龄的增长无声无息地消失。什么都可能忘记，但是童年永远埋藏在记忆中。当然，任何人生阶段都很重要，但是童年时期尤为重要，在此时期形成对世界、对人生的看法，性格、生活态度初步成形。托尔斯泰在人生三部曲中写道："难道我没有经历过那个阶段吗？在人生的最初几年里，学习看、听、理解、说话、睡觉、吃奶和亲吻母亲的胸膛，学习笑、取悦母亲。我经历过，而且感到非常幸福。正是在那时学会我现在赖以生存的一切，那时学习量如此之大，学习速度如此之快，此后的一生所学也不及那时的 1%。从 15 岁到我这个年纪似乎只有一步之遥，可是从出生到 15 岁却是如此漫长的光景。"

对于刚出生的宝宝而言意义最重大的是与母亲接触、母亲的关怀和参与、母亲的手臂和声音。长到 3 个月后，宝宝开始意识到，除了妈妈，还有其他人，与这些人在一起也很开心、舒适，他们也能给予自己爱。自宝宝出生起，父亲的角色尤为重要。一些父亲对自己的定位有误，认为婴儿尚在襁褓中，自己能做的微乎其微，这大错特错。父亲是儿童认识世界和长大成人过程中不可或缺的重要部分。父亲也是宝宝获取关怀和极宝贵的父爱的源泉。有些父亲认为经常爱抚儿子，会让他变得和小姑娘一样，没有阳刚之气。这种想法也不正确，男孩对父爱、母爱的需求和女孩一样。父亲给予儿子的爱让男孩明白，男人的力量在于有能力付出爱。如果说母亲是爱和爱抚的化身，那么父亲就是力量和安全感的来源。对于孩子来说，父爱、母爱承担不同的职责，是密不可分的，孩子对父亲和母亲的爱同样浓烈。如果孩子也能像依靠母亲一样紧偎着父亲，拥抱、亲吻他，说明家庭中占主导的是相互尊重、相互理解的和谐氛围。能在这样的父母身边长大，孩子非常幸运。孩子和父母之间的相互理解是双方保持的脆弱不堪的平衡，一步不慎就可能被打破，造成不可挽回的后果。

第八章

儿童个性发展

Формируем здоровую самооценку

解读孩子敏感的自我意识

主动交流是和孩子讨论问题、解答他们的疑问和讨论当前状况。父母回想一下，自己小时候是不是也渴望被倾听、被理解，哪怕父母只是在自己旁边坐坐。

认同心理

儿童认为自己和别人一样，即认同心理。儿童总是模仿父亲或母亲，模仿他们的行为举止、说话语调和姿态手势等。大部分 10 岁以下的儿童想要成为父母那样的人，年龄再大一些，他们会为自己寻找父母以外的偶像进行模仿：穿类似的衣服、留同样的发型、模仿那人的步态等。

奥地利医师和心理学家西格蒙德·弗洛伊德提出“俄狄浦斯情结”学说。该学说取自古希腊神话，儿子在命运的驱使下弑父娶母。按照弗洛伊德的理论，幼儿对父母中的异性有性依恋（即儿子对母亲，女儿对父亲），而对父母中的同性有仇恨心理。儿子表现为隐秘或明显地仇视父亲，因为他发现母亲并不是属于他一个人的，还属于一个比他更有力量、更具权威的人——父亲，儿子内心深处渴望独占母亲。实际生活中没有碰到过长期明显仇视父母中的同性的情况（假设父母是和谐恩爱的夫妻）。问题不在于自古以来便存在的“恋母情结”或“恋父情结”，而在于父母如何对待自己日渐长大的孩子；父母对待孩子的态度决定孩子对于性别的排斥和认同。

如果父母中的一方尝试通过贬损另一方把孩子拉向自己这边，表现得像另一方或试图取代另一方，这是不会有好结果的。这种做法最开始会引发混乱和无法相互理解，最后孩子甚至会否定父母双方，不再与他们进行任何情感接触。

比如过度紧张的妈妈会把孩子牢牢地拴在自己身边，甚至剥夺他与父亲和同龄人交流的机会。导致家里由母亲单方面主导，尤其是在母亲忌妒父亲对儿子的影响的情况下，这种情况更明显。

采用极端严厉的限制和惩罚手段人为地将父母中的一人树立为权威，这会导致孩子拒绝与父母中的另一人进行情感接触。孩子敏锐地感觉到父母双方行为不一，这会使其时常通过隐秘或公开的敲诈方式获得补偿性和回应性的强烈自我肯定。

读完上文内容，很多父母不理解，为什么孩子没有成为他们希望的样子。

父母可能忘了自己在所有方面都是孩子的榜样。如果家里没有养宠物，而孩子又见到父亲在大街上脚踹流浪狗，在这种父母身边长大的孩子也不会爱护自己的兄弟姐妹。如果妈妈对奶奶态度轻慢，经常呵斥老人，那么不用指望自己老了会被很好地对待……

大人们可能忘了，所有孩子都是生来善良的。人之初，性本善。至于后来孩子的坏习惯是从何处学来的，对于很多坚信自己教育方法正确的父母来说，是难解的谜题。

暗示感受性与反抗暗示感受性

孩子来到这个世界，全心信任最亲近的人——爸爸和妈妈。最开始他认为自己是好孩子，把父母所说和所做的一切奉为真理。

暗示感受性——这是心灵的大门、坦率真诚的品质和信任别人的能力。

儿童相信一切，其暗示感受性高且无限。随着时间的流逝、生活经验的积累，暗示感受性经历复杂的变化，进入新的阶段。

同时孩子开始形成否定意识，暗示感受性变得有选择性、克制、有分寸、可控制。只有这样才能真正成为可以独立思考的人，有能力自我完善。

每天父母都能感受到孩子如何反抗暗示。

孩子违抗父母的命令或许只是没能理解父母对他说的话，因为玩得入迷没有听出父母话语中的愤怒之情，这些表现可能只是因为他没有投入足够注意力听你说完话，毕竟游戏已经吸引了他的全部心神，让他没有心思应付父母。

如果沟通无效，冲突必然上演，孩子也会从心底对父母关上沟通的大门。

反抗暗示感受性与暗示感受性本身同时发展，只是稍微滞后，而且在范围和时间上不平衡。每个人都会经历数个过渡时期，这称为年龄危机。

年龄危机

这是人从一个年龄段向另一个年龄段过渡的过程中产生的暂时心理偏差的统称。儿童在危机期内接受大量负面信息，其行为在大人看来也是不正确、不恰当的。这与儿童的自“我”发展有关。

儿童危机，或称为首个固执期——通常在3~4岁（儿童的首个叛逆期，伴有固执和强烈的情感表达倾向）发生的一系列短暂性心理变化。原本听话的孩子变得任性，否决任何建议、命令或请求，“不要”“不想”“不去”等类似词语习惯性地脱口而出。成心和父母作对，试探父母对他们实行的各种禁令是否可以打破。父母的训斥打骂收效甚微。

这个时期，如果不经过深思熟虑就强迫孩子听话且惩罚他们，甚至采用极端手段“制服”他们，就可能酿成大祸。父母一定要在采取行动前仔细分析当前状况，因为你正冒着摧毁孩子个性的风险！

所有孩子都会经历年龄危机，应该警惕的不是孩子试图表达自己的想法和表现独立性，而是孩子完全听话和顺从，这是智力发育迟滞、恐惧和个性被压制的表现。

孩子开始无意识地确认自己的自由意志、自“我”。他们学习，并且向一切事物发起挑战：父母、整个世界甚至自己。他们学着成为拥有自由意志的人，可是实践过程中往往偏向于过度表现。孩子常常朝令夕改，父母在这个时期表现出迷茫、不耐烦和易冲动。善于思考的父母应该扮演敌军的角色，把孩子诱入正话反说的包围圈。父母不妨抽时间并且心甘情愿（这是最重要的）地和孩子试验一下这个把戏，而且一定要成为主导者。

比如，3 岁孩子对妈妈让他刷牙的要求摆出抗议的姿势并摇头拒绝。第二天早上，他们早就对妈妈会再一次发起进攻做好了准备，进入防御状态，但是妈妈十分平静地说：“你千万不要刷牙洗脸……”

孩子的反应自然是溃不成军，他们完全搞不懂妈妈为什么改口，但是内心的固执让他们习惯性地和父母唱反调，就可以做到你要求他们做的事情了。

教育的原则即是如此：不能按模板施教，必须具体问题具体分析，不能教坏孩子，不能强迫孩子在短时间内改变自己……

儿童心理敏感，甚至能觉察到大人内心涌动的暗流和礁石，他们聪明伶俐，很快就会明白，大人要求他们做什么。

举一个直观的例子。小女孩进入人生第一个叛逆期，父母对她实施正话反说的策略。过一段时间之后，她就明白了父母真正的意图，就会在母亲分派给她任务时，乖巧地说："好的，妈妈，你让我做什么我就做什么。"

"正话反说"游戏宣告失败，父母转而采取其他方法，就这样你追我赶地与孩子斗争，摆在父母面前的任务是，父母必须永远比家里善于察言观色、聪明伶俐的小朋友更快一步。

有些孩子的固执期从第一声啼哭开始，好像永远不会结束。教育这类孩子尤其困难，父母必须采用各种不重样的教育方法武装自己，与孩子对抗。这类孩子从不给父母留有犯错的余地，即使他们拥有丰富的内心世界，能够深切地感受事物。

首个固执期通常在 4 岁左右结束，父母和孩子之间的蜜月期重新开始，孩子又变回那个听话懂事、无限信任父母所说的每句话的小天使。父母的解放期可以持续到孩子 6~7 岁，很少能到 8~9 岁，然后又要为新一轮的战斗做准备，学会理解孩子，耐心地解决与孩子之间的摩擦和他们的任性。

第二个固执期出现在上小学的头几年（很难适应新环境）。你的“小敌人”6~7 岁，已经走过复杂的成长之路。他们已经具有和幼儿园小朋友、邻居小伙伴相处的经验，他们希望能和大孩子交朋友。但是大孩子拒绝和他们交往，不带他们一起玩，他们渴望长大，这样就能够独自或和伙伴们一起到街上去玩耍，他们想要成为对别人而言不可或缺的人。同时，这个年龄段的孩子还面临课业负担，需要在学校上课、做作业。此时还会发生“必须”和“想要”之间的冲突。孩子必须向自己和他人证明自己有权支配自“我”。除了无休止的“必须”外，孩子还试图保有“想要”的权利。

如果对孩子要求的“必须”太多，孩子无法形成独立个性，学习成绩也不会好；如果对孩子要求的“必须”太少，结果也是一样。那到底该怎么做？

首先，不要惊慌，也不要生气，这样无法取得预期结果。

其次，不要总认为孩子还小，他们已经不小了，他们渴望成为独立和有用的人。必须尊重他们的愿望，将他们引向正确、有益的人生轨道。父母要求孩子帮忙洗碗，最后却推开他们，因为他们洗碗用了太长时间，而且他们做的这个工作毫无意义，还很浪费（他们会不小心打碎盘子），总之父母最后认定让小孩子洗碗不切实际。但是，当他们长到有能力做好洗碗这项工作的年纪，又不想洗了，觉得这项家务枯燥乏味、不切实际。

最后，父母继续培养孩子的独立性，只是这种独立性处于父母监督之下。无形的监督无处不在。父母需要重新发挥辩论的才能。如果父母在孩子的首个叛逆期和他们玩“反朝令夕改”的游戏，采用“正话反说”的方法，收效颇丰，那么这个阶段的情况则复杂、隐晦得多。

你一定会说，我又在出昏着儿。当然，大声斥责、威胁或抽打孩子是随手拿来的简单方法，可是结果呢？他们现在还小，无法反抗（体力不足以对抗），当他们拥有足够力量（体力）时就会明白，可以对父母实施身体控制……那时就轮到他们威胁、大声斥责父母了。

现在我们谈谈“没有选择的选择”原则。父母希望孩子能够学会聆听，认真听自己说话。可是当他们玩游戏玩得入迷、被某种事物吸引或有小伙伴来找他们时，父母说什么、要求他们做什么都是徒劳的，此时父母得到的回应不是敷衍了事，就是完全置之不理。想要达到预期效果，父母必须设定一定的限制条件，首先父母不能急于求成和一心两用。

举一个最常见的例子。妈妈叫孩子吃饭，孩子听见了妈妈说的话，但他的第一反应是拒绝吃饭、耍脾气等。妈妈坚持立场，命令孩子，提高声调，大声斥责，孩子会更加激烈地以公开或隐蔽的方式反抗。结果就是妈妈情绪激动，孩子大声哭闹或被惩罚。冲突和不理解的气氛笼罩着整个家庭。

这种情况该怎么处理？父母要求孩子在各方面绝对服从："我怎么说你就怎么做。"说起来容易做起来难，丈夫不会服从于妻子，妻子也不会服从于丈夫，这种施压和要求对方绝对服从在成年人的世界里称为心理暴力。如此要求孩子当然也会遭到反抗。孩子也厌恶被强迫，他们有权自己做选择。给他们选择权，但要在父母的监督下行使权利，教会他们如何在满足父母要求的条件下做选择。

回到上面的例子，孩子拒绝吃饭，开始耍脾气。妈妈必须弄清楚孩子拒绝吃饭的原因。可能孩子在学校里吃过了，也可能妈妈自己在放学回家的路上给他买了冰淇淋或巧克力，他吃饱了，确实不想吃。分析当时的情况，才能控制局面。如果这只是孩子小小的任性，就不需要上纲上线。问任性的小朋友一个问题："你绝对不吃了还是15分钟后再来吃？”孩子回答“不吃了”（说明他不饿）或者“15分钟以后再吃”。妈妈不能把这些回答视为自己做妈妈的失败。如果孩子确实不饿，就没有必要强迫他吃饭；如果孩子在妈妈指定的时间内坐到餐桌旁，说明一切尽在掌控中。此时一定要表扬这头“小倔牛”，夸他真的长大了，言而有信。

如果孩子没有在指定的时间内来吃饭呢？提醒他刚才所说的话，但是不要争论，不要发生冲突，做自己的事情，把饭从饭桌上撤下。俄罗斯有一句谚语：饥饿是无情的，孩子一定会来找你，自己要求吃饭。吃饭时不要批评孩子，等他吃完后再和他谈谈，告诉他最重要的是履行诺言，言出必行是独立和成熟的标志。

如果再次发生这种事情，提前问他“现在还是20分钟之后”“早上还是晚上”等。孩子必须做父母吩咐的事，他没有选择，但是可以选择何时做——现在还是20分钟之后。

很多父母都说，这个方法没有用，孩子还是什么都不愿意做。孩子不愿意做，这是无可争辩的事实，但是父母得出的结论只是表面上的。如果父母想让孩子说话算数，首先自己必须说话算数。孩子无意识地模仿父母的行为。如果你答应陪孩子去滑雪，就必须履行诺言，即使昨天的派对嗨玩到很晚。如果孩子看到你说话算话，他也会学样。如果你经常随口答应不行动，他多半也会如此。

如果孩子觉得自己的权利没有得到尊重、自我评价面临威胁、主动性和对独立的渴望受到压制或者只是感到寂寞时，固执和否定随时可能再次发生。

孩子在成长过程中不会把父母为他们树立的偶像当作榜样，而要模仿自己选定的偶像。谁更有趣、更令人喜爱、更善解人意，谁就会深得孩子的心。

父母的智慧不在于疏远孩子，而是理解他们，让他们的选择更轻松。各阶段年龄危机最重要的就是交流，每次做完游戏和讲完故事，是非常好的主动交流时机。主动交流是和孩子讨论问题、解答他们的疑问和讨论当前状况。父母回想一下，自己小时候是不是也渴望被倾听、被理解，哪怕父母只是在自己旁边坐坐。每个人在各个年龄段都有如此渴望。

试着回答下列问题。

- 你最近一次与孩子聊的是什么话题？
- 孩子什么时候主动找你问问题？
- 你每天大概花多长时间与孩子交流？
- 是否有未解决的冲突？

• 最近一段时间孩子是否有变化？

孩子行为的消极变化是危险信号。孩子试图通过自己的行为、粗鲁无礼、反抗和不听话吸引大人的注意力，父母必须警惕这种情况。父母和孩子之间的问题和关怀永远同时存在，他们之间相互理解的联系可能因为一点小事瞬间崩塌，永远无法恢复，这对于父母和孩子而言都不是幸事。

父母必须保持克制，和孩子谈一谈，倾听自家“独立”、没有保护能力的“小恶魔”的心声。

为什么我对与孩子的交流着墨颇多？答案很简单。很多父母认为，随着成长，孩子已经不再需要与父母交流，因为他们有了自己的秘密，说话半遮半掩，孩子主动疏远父母，什么都不想说。很多父母的观点简单、片面：“吃饱、喝足、穿暖，还需要什么？”“我特别忙，我很累……”

吃饱、喝足、穿暖——这不是幸福，不能说明没有问题。问题在于没有亲子交流和对父母行为变化的不解：父母陪他们一起玩耍、读书，拥抱、亲吻他们，给他们讲睡前故事，保护他们，可是突然这种天堂般的待遇不知何时变成“你自己来”“你已经长大了”“不行”“你还小”，时而温柔和善，时而暴躁易怒。孩子也对自己的课业和问题感到厌烦，还要承受父母阴晴不定的情绪，他们也会说："我特别忙，我很累……" 可是父母并没有把这些话放在心上。这个问题需要仔细分析。

在这个信息爆炸、影视资料丰富的高科技时代，人们更敏感脆弱，容易造成代际沟通联系的丧失。没有时间停下来仔细思考人生，甚至在封闭的室内大家也彼此不交流。在如此快节奏的生活中迎来孩子的第三个固执期，该危机期给父母和孩子的关系带来莫大伤害。这就是众所周知的青春期，此时孩子激素水平激变，通常称为过渡期。

青春期危机或过渡年龄，这是通常出现在13~15岁少年身上的一系列表现，主要特点是心理不平衡、情绪不稳定和有抑郁倾向，这是少年寻求自我肯定、反抗父母权威的过程，主要表现为与性觉醒相关的冲突。

在父母与孩子就青春期话题进行深入交谈之前，必须明白，激素水平变化期对于孩子而言是非常难过的时期，青春期少年并不知道自己身上发生了什么，能够感受到自己的欲望，但是无法肯定自己想要的到底是什么。这个时期的少年伴有心理困惑、最强的暗示感受性和固执，需要爱又否定爱。悖论：所有人都知道女性有更年期，男性也会经历年龄危机期，大家抱着理解和同情的态度对待成年人的问题，保护自己，避免受到心理创伤，避免发生不愉快的事。而在谈到同样经历激素急剧变化的少年时，却绝望、愤怒、责骂、喊叫，抱怨孩子不听话，总之全是罪过。父母可能没有想过，应该从另一个角度看待一切，不是从听话角度，而是注意到孩子荷尔蒙的变化、内心冲突，孩子甚至不了解自己。少年的不理解既有对于外貌的困惑，也有内心的彷徨，这很容易滋生叛逆并反映在自我评价中。

可以抽出时间认真倾听孩子的心声，深入了解处于荷尔蒙急速变化期的少年，他们的沉默、独立观点和反抗行为背后到底在诉说着什么。

下列片段摘自儿童作文、日记和对话：

“我身高长得很快，我自己和周围的一切都在发生变化，发生了很多不愉快、不情愿和羞耻的事情。我既渴望如此，又绝望地拒绝如此。我喜欢独处，同时又渴望与他人交流，我想死，又绝望地奔向生活的怀抱。我不知道自己下一秒会怎么想，你们累了，我也累了，帮帮我。”

“不要再把我当小孩子了，我已经长大了！我需要平等和尊重！请你们给我最后的结论——我到底是孩子还是我也有权利……如果我是孩子，那就不要反复地说：“你已经长大了，你应该如何，你必须如何。”如果我已经长大了，就不要处处限制我，请给我自由，不要对我说我还小。”

“唉，你们觉得我什么都不知道，什么都不会，完全不会思考，做什么都不合适！可这是拜谁所赐？是拜你们所赐，我亲爱的成年人们，因为你们的教育、你们讲的童话……我才变成这样。”

“理解理解我吧，我需要认识世界和自己，我需要尝试，我想要经历各种事情，我想要立刻得到一切，我想要体验不可思议的事情，我想要检验众所周知的事是不是真理。我需要经历困难和错误，我自己犯的错误。我想将命运掌握在自己手里，我想要随心所欲地生活，但是首先我应该知道，我想要……”

“我渴望相信一些人和一些事……我渴望爱、崇拜和服务他人，而不是无所事事地虚度光阴。我渴望知道和理解，命运会通向何方和生活是为了什么，我不想成为一个无须思考的执行者。我渴望被信任、被爱。”

“我渴望幸福，这个愿望是如此炽热而又克制，我希望每天幸福地醒来，脸上带着幸福的微笑，再带着幸福的感觉入睡。”

“我需要尊重，我也有自尊，你们却不了解我，完全不了解。”

“你们希望我成人，我已经成人了，请相信我，我一定……”

父母和孩子因为互相不理解、有隔阂（自己制造的隔阂）和有自我保护屏障（父母和孩子都躲在屏障后保护自己）而感到绝望。

父母站在紧闭的房门前茫然而绝望，长久地敲门却没人回应，而孩子的心灵却在寻找可以为之敞开的人。

当父母尝试打开孩子心中的防御缺口时，既不是小孩子也不是成年人的少年站在溪流的两边：只要跨一步就能到达成年生活的彼岸，但遗憾的是，少年还是退缩了，后退了一步回到自己熟悉的童年世界。少年的犹豫不决持续时间越长，亲子关系越不稳固、越容易动摇，失望和问题也随之增多。没有哪一个年龄段像少年时期一样，把怒气爆发、粗鲁、酗酒和流氓行为表现得如此明显。

如果孩子不听话、固执、任性、有攻击性、迟钝、学习成绩差、不读书、抽烟、对人凶狠，该怎么办？他们是如何形成这些缺点的？

文学作品中有大量示例，父母抱怨孩子，因为“管不好孩子”而痛苦，答案多半是：“你以为大多数孩子都比我们的孩子好吗？世界各地的父母都在用眼泪洗刷罪恶，不光你一个。”

此时又出现了一个问题：“这所有的一切是怎么发生的？”

理解出现这种失望的原因和源头非常重要。问题根源既埋藏很深又流于表面。每个为人父母的头脑中都有理想孩子的形象，他们自己都没有意识到正试图把理想变为现实。无论孩子做什么、说什么，父母都在心中自动对比。如果与理想中的标准相符，父母会表扬，如果不符，会责备。这难道不奇怪吗？活生生的孩子依靠父母头脑中理想的孩子而存在。也就是说，父母不是按照自己的形象或类似的形象（几乎没有人知道自己的形象）教育孩子，而是按照创造出来的形象教育孩子。

父母发现无论经历多少痛苦、付出多少努力，现实中的孩子完全不想成为父母理想中的样子，甚至不会有一点相像，这是他们面临的第一次失望。

孩子与成年人不同，他们还有未来，还有第二次生命和成年生活。因为孩子有两重生命——儿童和成年，在父母心目中的形象也一分为二。亲爱的父母们，请仔细考虑这个问题。如果某人否认并说没有发生这种情况，那么这个人就是说不明白我们在说什么，就需要思考。

父母心目中有孩子儿童时期的形象，还有对他们未来成年形象的描画。这两个形象在同一个父母头脑中经常是迥然不同的。为了直观体现，我们通过表 2 对比这两种形象。

表 2 儿童形象与成人形象对比

形象	阶段	目标	期望特点
儿童	儿童时期	教育	不独立、任性难管教
成人	成年时期	生活	独立、可以更轻松地独立生活

现在想象一下，一个人的头脑中藏有两种完全不相符的形象。教育过程会让父母筋疲力尽，也会搞混次序。父母希望孩子这样又希望那样，父母自己陷入困境，也让孩子迷惑不解。愤恨日积月累，造成彼此不满，大家更容易激动，对彼此要求，却不能相互满足。这个场景熟悉吗？是的，应该怎么办？你应该研究一下存在于头脑中的理想孩子的样子，这个形象需要改造，再重新创造一个可以平稳过渡到成人的形象，这项工作父母需要量力而行。每个父母对于儿童形象都有自己的理解，但是成人形象却相差无几。

为了了解父母可以在何处犯错，我们来说说少年的真实想法，尽力深入理解他们想要对父母说的话。

独立性

我需要认识世界和自己，我需要尝试，我想要经历各种事情，我想要立刻得到一切，我想要体验不可思议的事情，我想要检验众所周知的事是不是真理。我需要经历困难和错误。我想将命运掌握在自己手里，我想要随心所欲地生活（我想独立）。

一些妈妈从孩子刚出生起就帮助他们爬、坐、走和说话等。另一些妈妈则过度保护孩子，一直让他们坐在童车里，这阻碍了孩子的身体和心理发育，经常造成发育落后于同龄人。

我们了解一下独立性的概念，渴望独立表现在渴望自由之上。自由人有更多生活选择，但也承担更大责任。生活会惩罚自由人的每一步失败，不自由的人则被人惩罚，比如父母、同龄人和法律。外表自由越多，内心自由和做选择的自由越少，还需要承担责任。完全的行为自由是完全的内心不自由，是紧张、困难和危险的生活。对于不成熟和尚未准备好的人，这种生活是无法忍受的。某些从部队退役的年轻人的例子特别能够说明问题，他们渴望挣脱部队的束缚，但脱离部队后又怀念遵守纪律的感觉，他们自由后无法处理发生的各种事件，面对在生活面前承担责任的重压，他们更愿意选择服从支配的生活。少年也是如此，童年时不了解自由，没有学会如何处理自由，想要脱离父母的掌控获得自由，却不知道自由后该怎么做，所以努力更快地融入同龄人的小团体，可是他们的小团体里却有着更为严苛的服从制度。对于尚未准备好的少年来说，自由是沉重的负担，他们想要更快地把责任的重负转移到别人肩上。父母惩罚孩子时，不是加重孩子生活的负担，而是减轻他们的负担，这是个悖论。父母把选择权揽到自己身上，让孩子脱离需要负责任的境地，他们把惩罚权和自由行为权握得太紧。如果父母经常惩罚、斥责孩子，对他们的行为品头论足，孩子会成长为害怕自由和独立的人。对于自由的向往是所有人的固有特质，重要的是另一点——如何支配自由。

得到期盼已久的自由后，一些少年无拘无束，另一些少年放荡任性。这种情况是如何产生的？问题主要在于自由是如何得来的。别人给予的自由不能让少年独立和承担起应有的责任；自由不能促进少年发展，少年自己争取自由的行动和自我解放。

少年脱离父母的保护、通过在厨房闹事为家庭自由而战时，不会得到发展。通过类似方式得到的表面自由和独立会轻易地转化为对同龄人的依附。类似的自由就像零钱一样：在这里得到，在那里花出去，最终没有得到自我解放。

自我解放的价值取决于敌人的实力。一件事使孩子脱离父母的禁令；另一件事使孩子摆脱怯懦、不够格和其他恶劣影响。获得大人支持的自我解放的热情才能催生出独立、自由和无拘无束的人。

放荡任性的少年在不熟悉的社会里受束缚。真正自由的人无论何时何地都无拘无束，可以做到行动和行为自由，任何时候都表里如一。

通往自由的第一步——出生。宝宝来到这个世界，有成千上万的可能性。父母迫切地把他们裹在襁褓中，以免他们伤害自己。

通往自由的第二步——摆脱摇篮。如果没有按时把宝宝放到地面，他们会自己跨过婴儿床的围栏。内心世界得到重建，从迈出的第一步开始，婴儿自身的发展以一日千里的速度前进。此时宝宝受到父母的严密监督，所以内心处于完全自由状态。

小孩子很难理解“不可以”这个词，因为这个词对于他们而言是空洞的。什么是不可以？这可以是尖锐或热切的，这是什么意思？有些孩子给妈妈拿来剪刀，说：“妈妈，我不可以找到了（用错了词）。”最简单的例子是：孩子撕报纸，大家都没有说话，可是拿起另一张报纸，周围的所有人都开始喊：“不可以！”孩子怎么能猜到，“不可以”撕的是昨天的报纸还是今天的？

为了让生活更轻松，父母希望孩子更快地掌握禁令，但是孩子偏和父母唱反调，要自己主导一切。如果这种渴望成为主要性格特点，那么孩子即使在少年时期也不再艰难。必须在安全年龄段（孩子处于父母的监护之下）坚定孩子对独立的渴望，否则这种渴望会在少年时期爆发，造成不可挽回的后果。5 岁时习惯自由，15 岁时就不只是听说过自由，而是了解、善于把握自由。如果有谁不想为2~5岁的孩子伤脑筋，不想严格教育孩子，想要更轻松一些，那么可以预见这个人在孩子15岁时要吃的苦。古老的俄罗斯谚语有云："孩子小时候多操心，长大了就省心了。"

通往自由的第三步——走出家门。在孩子半自由半受监督时期培养他们的责任心。监督也是保护，妈妈还在孩子身边，为孩子做出预警，保护他们。孩子在院子里玩，很快就厌烦了，不是厌烦玩游戏，而是厌烦了独立。他们跑回家，但是令他们痛苦的是家已经不再是可靠的避风港，而是充满指责和怨言的洪流："你到哪里闲逛去了？""看看你现在是什么样子。"家应该是小孩子的安乐窝，是少年的避风港。当孩子回到家后，家人能够开心地迎接他们。世界上所有孩子都可以分成两组：被开心地迎接的孩子；被冷淡、阴郁、愤怒地迎接的孩子，同时伴有指责和训斥。

父母不知道也无法知道孩子在哪里，但是无论孩子离开家还是回家，他们的心始终与孩子在一起。孩子还不能完全搞定所有事情，但是父母会给他们补足力量。父母的监督减弱后，孩子内心与家的联系却越来越紧密，这种联系能够取代监督。如果既没有父母的监督，又没有内心联系该怎么办？

孩子开始上学后，父母的监督实际上已经无法实施了，也无法指望通过监督来管教孩子。如果学校里有人欺负他，在家里也得不到安慰，如果各方都把他围在其中，他会感到无比痛苦。

把孩子送到学校，努力培养他们在同龄人之间独立生活的能力，教会他们在儿童集体中处事的简单原则。

- 不能抢别人的东西，也不能把自己的东西让别人抢走；
- 别的小伙伴请求——给他，但是别人想抢的话，一定要学会自我保护；
- 不要毫无理由地吵架；
- 没事别乱抱怨；
- 不要纠缠任何人；
- 别的小伙伴叫你一起玩——去，不叫你——问问可不可以一起玩，这并不丢人；
- 玩游戏时必须诚实；
- 不能戏弄、纠缠、哀求别人，不要因为同一件事请求同一个人两次；
- 不要因为分数不理想而哭，不要和老师争论分数，不要向老师抱怨分数，做功课要诚实；
- 不要在背后说同学坏话；
- 不要邋里邋遢，小伙伴不喜欢邋里邋遢的孩子；

- 经常说类似的话：一起玩吧，我们做朋友吧，一起回家吧；
- 不要在别人面前炫耀，你并不比别人强，你也不比别人差，你是爸爸妈妈最爱的宝贝；
- 去上学，一定要高高兴兴地去，高高兴兴地回家，爸爸妈妈会在家等你，小心过马路，不要着急。

义务

用自由教会自由，用责任教会责任，用善良和良心教会善良和良心，用幸福教会幸福。

很多父母经常对孩子说："你应该，你必须，这是你的义务，你怎么什么都想要……"这些话会与下列话语同样深深印在孩子脑海中："别整天抱怨东抱怨西，过得开心点，还要跟你说几次……"一定要谨慎使用"义务"这个词，别惊飞了幸福之鸟。很少有孩子经常被打还会喜欢鞭子。父母不要使用"义务""应该""必须"这些词数落和强迫孩子。

当父母愤怒地暗示孩子"你应该""你必须"。孩子会排斥这些话，将其他话语类别与这些话进行对比。正是因为关心孩子未来的幸福，我们才要求他们履行义务，可实际上这是在剥夺孩子幸福生活的机会，让他们远离幸福。

很多人认为，义务是我们违背心愿所做的事情。从这个角度来看，义务在于自我强制。一定不能持这种观点，如果孩子也这样想就危险了。如果义务的概念在他们头脑中的含义与快乐、幸福、满足等概念的含义相左，如果他们以后认定工作就是义务，那么就失去了快乐生活的机会，成为分裂、不幸福的人，而且不明白自己为什么不幸福。人生不幸福的源头是把义务当作重负。如果我们没有处处使用“义务”这个词，如果我们帮助孩子履行义务，让义务永远不会成为负担，义务感会逐渐在孩子心中扎根，成为内心需求。如何帮助孩子将义务和快乐联系起来是父母教育工作的重要部分。

孩子做力所能及的家务（收拾玩具、洗碗和浇花），而且把做家务看作理所当然的事，是日常生活节奏的一部分，而不是强迫和惩罚，这是父母教育需要达到的效果。

下面是摘自儿童作文的一句话：“我小时候妈妈是世界上最漂亮、最善良的妈妈，爸爸是世界上最强壮、最聪明的爸爸。当妈妈不再美丽，爸爸开始暴躁易怒，意味着童年已经结束了。”

而父母渴望延长孩子的童年，所以尽最大可能保持自己的美丽和能力，让它们持续得越久越好。

小时候隔壁班有不共戴天的“敌人”，周围有讨厌的人，还有凶恶的老师、说话不算数的小伙伴，说好了单挑，却集结一帮朋友来群殴，周围危机重重。

童年时也有对妈妈都不能讲的秘密，熟识的小男孩和小女孩站得太近，邻里小伙伴们也会窃笑，互相使眼色，好像知道了什么不得了的秘密，和你家孩子窃窃私语，脸上带着不怀好意的表情。儿时的衣服很少干干净净的，孩子满身泥土地在院子里集结。手上衣服上都是泥，裤子也被撕破了。那时听过很多八卦，看过很多风景，丢人、可耻的事情在孩子中间流传。但是，亲爱的父母们，请不要害怕，孩子正是走过脏污才慢慢长大成人。孩子不会总是脏兮兮的，他们在父母身边也有干净清爽的时候。

父母不要惊扰正在玩游戏的孩子，不要惊飞童年之鸟，不要对孩子说："够了，别玩了，你已经不是小孩子了！"如果他们沉迷于玩耍，说明他们的童年还没有走远。父母所做的最愚蠢的事就是让童年远离孩子。童年从来不是为未来生活做准备的阶段，它本身就是生活。

道德准则

亲爱的成年人们，你们思考过"儿童道德准则"这一概念吗？你们童年时是不是一切行为都屈从于该准则？是不是认同过、对抗过、嘲弄过、也袖手旁观过？是不是也打过架，有过黑历史？有喜欢的人也有讨厌的人？

家庭准则：孩子在家可以听话，可以任性，可以不好好吃饭，可以不整理好自己的玩具。

同时小伙伴之间还流传小团体准则，这个准则范围更广，标准更严苛。

儿童的家庭准则和小团体准则总是背道而驰的。在家里好吃的总是留给孩子，可是在儿童小团体里任何东西都是大家平分。孩子好好吃饭，家里人会很高兴，可是在小团体里小胖子是不受大家欢迎的。在家里哭了，长辈会心疼你，在小伙伴中间则不能哭，要学会忍受委屈和疼痛，否则会被小伙伴们编顺口溜嘲笑“爱哭爱哭真丢人”。在家里做任何事都会被原谅，但是小团体中必须诚实守规矩，尤其是玩游戏时。家人对孩子说：“跟娜塔莎玩去吧！”小伙伴们会嘲笑你：“哈哈，他和女生一起玩。”各个方面都有差别。小团体准则的学习期过去后，该准则变得更加严苛、范围更广，之后的惩罚不再是吵吵闹闹和编顺口溜，而是起外号、蔑视和骂人。孩子评价的不是行为，而是个性，这是与成年人不同的地方。孩子不会说“有点小气”，而是直接定性为“吝啬鬼”，不说某个孩子

“总是哭”，而是叫他“爱哭鬼”。在他们的印象中没有某个人怎么样的问题，而是某个人是谁的问题，儿童道德准则的关注点是个体和个体的优点。没有什么比小团体、学校中的优点更珍贵的东西了。谁丢掉了这些优点，谁就没有前途可言。

被尊重和有自尊

“我需要被尊重，我也有自尊，你们却不了解我，完全不了解。”孩子经常这样说。

所有人都需要得到家人和家以外的其他人的重视。父母们请回想一下，你是否重视孩子，是否了解他们的优点。通常情况下，父母说的更多的是孩子的缺点，却很少谈论他们的优点，父母担心表扬过多会惯坏孩子，实际上他们却总是在和熟人、亲人强调：“我们的孩子特别聪明，做出了了不起的成就。”向别人夸耀孩子，却不直接表扬。可孩子渴望被表扬，渴望大人遇事和他们商量，渴望被最亲近的人重视。家长们应该多想想，自己的孩子是否得到了应有的表扬和斥责 。别担心表扬会惯坏孩子，表扬是伟大的开始，能够鼓舞孩子，给予他们在人生道路上继续探寻、放飞创造新思维的力量，有利于形成亲子之间互信互爱的关系，有利于孩子自尊意识的建立。尊重孩子是教育的重要特点，如果父母不尊重孩子，教育过程中只会遭到孩子的反抗、叛逆。孩子绝对不应该感到被贬低、被欺凌、被侮辱，绝对不应该独自一人在人生道路上摸索前进，独自一人面对内心的彷徨、疑惑。培养孩子的自尊意识绝不是简单的任务。为了让孩子为自己的行为感到骄傲，能够正确评价自己，有承认错误、改正错误和继续前进的勇气，父母必须付出极大努力，不是机械地重复"你应该""你已经长大了"，而是应尊重、理解和认同他们。

以美国幼儿园的做法为例，美国人认为，儿童的每一步行动都是在这个并不轻松的世界上取得的胜利。幼儿园小朋友画画，不论他们画的是什么，画得怎么样，幼儿园男老师都大加赞赏，让孩子知道自己在老师心目中非常重要。而俄罗斯的幼儿园女老师却不以为然，她不是很情愿地表扬 4 岁小画家的作品，因此被调离岗位，他们认为她并不适合做这项工作。美国幼儿园要求必须严格执行教育法则——哪怕孩子只画了一条线也应该得到表扬，最重要的是培养他们的自信心，激励他们自我发展。

这个法则对于我们而言难以理解：如果什么都没做或者做得不好，为什么要表扬他们。孩子的确需要随时随地、因为各种原因被公开或暗示地表扬，但必须是为了值得表扬的行为。否则结果适得其反。孩子需要的不是表扬，而是自尊和对自己重要性的认同。压制和把孩子的自尊赶到死胡同似乎很容易，可是过一段时间之后（父母认为是时候了）再想教会被压制、被追赶的孩子自尊则难上加难。如果孩子不服，要求父母认同自己，而父母始终坚持我们要强迫孩子屈服，我怎么说你就怎么做，你还小，有什么自己的意见？那时冲突和麻烦不可避免。不听话不是孩子的本质坏，而是父母没有把他们当成独立的个体，总是轻易地压制他们的想法。父母的立场在于让孩子习惯遵从自己的命令，认为教育与训练本身就是密不可分的。似乎父母的命令像遥控器一样控制孩子就是教育成功的体现：父母说“坐下”——孩子静静地坐下，不乱动，不说话；父母说“说话”——孩子开始说话，其余时间沉默。

孩子成长及其个性发展过程中与父母的平等对话必不可少，否则孩子会觉得异常艰难，因为父母不尊重他们的想法，不接受他们的意见，不表扬他们，对他们说的最多的词是“不”。这样的孩子长大后也容易灰心沮丧，陷入绝望，会因为随便什么人的意见改变自己的看法，会在经历过第一次失败后就对生活失去信心。成年生活中不会再有人对他们说“不”，可是儿时的影响会伴随一生。

想法被重视、意见被接受、被表扬、被尊重、不会经常被人说“不”的孩子则全然不同。这样的孩子从生活中得到的都是满足。

孩子不会自己变好或变坏，一切取决于发生在他们身上的事。

莱蒙托夫笔下的毕巧林在日记中写道："自童年起，我的命运就是这样的！大家都在我脸上读出一些恶劣的品性，那些恶劣的品性其实并不存在，可是，一旦有人把它们设想出来，它们也就生成了。我本来很谦逊，人们却指责我滑头，于是我变得城府很深。我深深地体验着善与恶；谁也不曾爱抚我，大家全都欺负我，于是我变成了一个很记仇的人；我小时候是阴郁的，别的孩子性格开朗而夸夸其谈；我觉得自己比他们高明，人们却把我看得比他们低劣。这样我便变成了一个易于忌妒的人。我本来是准备热爱整个世界的，可是谁也不理解我，于是我就学会了憎恨，我的没有光彩的青春岁月，是在我自己与社交圈的搏斗中逝去的；由于害怕嘲笑，我便把最好的情感都埋藏在内心深处，那些感情也就在心底枯死了。我诉说真情，人们不相信我，于是我就开始撒谎行骗。"

父母觉得他们在孩子身上看到的都是缺点，可实际上因为父母把孩子想成坏孩子，才会出现这些缺点。你觉得我是坏孩子，我就坏给你看。为了让孩子认识到自己好的一面，必须把孩子想成好孩子，只能想他们的好处。

不要当面或背后讨论孩子的“坏”。当面说他们坏，对他们没有好处。背后说他们坏，说明我们认定他们是坏孩子，会造成不可挽回的伤害。

孩子表现不好，不是因为他们是坏孩子，而是因为别人把他们看作坏孩子。他们在父母眼中越坏，在自己心目中也越坏，表现得也越差。父母眼力差，孩子却要为此付出代价。

父母变得越好，孩子也会越好。在与孩子相处的过程中遇到困难时，父母从自己的教育理念出发，认为必须马上采取行动修正孩子的行为。可是如果不改变对孩子的态度，修正孩子的行为也无从谈起。很多人不同意这种看法，认为必须像过去那样对孩子采用严刑峻法，用枝条抽打孩子。很多人认为这是教育的智慧所在，必须惩罚孩子。可是以前的父母是怕孩子变坏被迫打孩子，现在的观点多认为被父母打的孩子才是坏孩子。结果就成了："不知道该不该打。"父母认为自己在孩子面前无能为力，他们很绝望，是孩子打败了他们，这是叛逆的胜利。家长无法理解，为什么以前打孩子，大家相安无事，现在打孩子却是罪大恶极。答案是过去和现在的教育方式和生活方式完全不同。过去和现在的情况和观点都发生了变化，父母却没有立刻发觉。生活好像和父母开了一个玩笑：时代赋予了新的教育条件，父母的教育理念却还停留在过去。

父母以身作则才能培养孩子的自尊意识，不要羞于承认错误，不要忙着自我鞭挞，要尽力扭转局势，并在混乱的局势中寻求光明的出路。只有这样，孩子才能形成符合自身实际的自我评价，做出得体的行为。

以前农民的儿子会成为农民，商人的儿子会成为商人，为大姑娘找女婿，为小伙子找媳妇，一切按部就班。对孩子的要求是听话就行，只要孩子听话就赠予房子，让他们按祖祖辈辈传下来的方式生活，孩子没有选择。当时的教育方式与生活方式是相符的。

现在呢，父母一边要求孩子听话、服从，一边说着“你应该独立安排自己的生活”“你要主动、独立”。不允许女儿参加舞会、派对，甚至不许她幻想爱情，但是随着年龄的增长，父母又会责备她：“大家都有对象了，你呢？”教育方式严重背离生活方式。父母要求成年孩子做到小时候并没有教会他们的事情。

如果体力优势、恐惧和威胁成为首选的教育方式，那么教育过程已经结束了。人们无法忍受暴力，暴力催生出隐蔽或公开的抵抗和仇恨。把复杂的教育工作简化为暴力打骂是不可行的。

孩子实质上是映射出父母形象的镜子，只是有时映射出的形象并不是父母希望看到的。父母做什么孩子就做什么，孩子还会模仿父母的语言和表情。父母说话的声调、走路的步态等都是孩子模仿的对象，只是稍做改动和修饰，实质是一样的。

父母经常说，想要把孩子教成这样，孩子却学成了那样。这是为什么呢？

问题的实质在于，孩子同时接受两种教育，父母同时给孩子上了两种课程，孩子记住的是哪一课呢，我们并不知道。

举一个直观的例子：

小男孩手脚并用地往公园的长椅上爬，脚碰到了坐在旁边的人。妈妈说的是："蠢货，跟你说过多少次，不要把脚放到长椅上，这是人坐的地方，看我不踢你屁股……"

这里的第一课——文明课——"不要把脚放到长椅上"；第二课——不文明课——"蠢货，看我不踢你屁股"。

妈妈吩咐女儿把东西收起来。女儿的动作慢吞吞，并没有急于执行妈妈的命令。妈妈不耐烦地冲女儿大喊大叫，然后跑到另一个房间哭诉。这里的第一课——文明课——必须把东西整理好；第二课——不耐烦、束手无策、不文明。

很多人说，我在教育过程中过于软弱了，绝不能纵容孩子，父母永远是对的。确实，父母永远是对的。但是当孩子慢慢长大，他们中的有些人成为善良、诚实的人，绝不会伤害他人，也有些人为达目的不择手段。

有些父母教会孩子在达到目的的手段上保持克制，但要坚定目标，这类父母的教育原则是："不要让孩子伤心，不要侵犯孩子的独立权。”

孩子通常无法达到父母设定的目标。孩子无法理解，如果不想吃饭，为什么要吃？如果睡不着，何必要强迫自己躺下？如果根本听不懂老师讲什么，为什么还要坐在教室里上课？但是父母的教育手段他们清楚得很——批评、怒斥、皮带抽和轮番责骂。

妈妈对儿子说：“可怜可怜妈妈吧，我不能再陪你了，为了我和爸爸，你要努力。”妈妈认为她在培养儿子的同情心，实际上是自私心理在作祟。妈妈是在教孩子抱怨，教他们利用别人的同情心达到目的，教他们束手无策、欺负别人和与别人纠缠不休。以后这些教训会被孩子用来对付妈妈。

粗暴地对待孩子，除了粗鲁什么都没有教会他们。不论父母设定何种目标，只要在过程中使用粗暴手段，孩子接受的就不是目标教育，而是只学会了达到目标的手段。

我们如何要求孩子，孩子也会如何要求父母。吩咐孩子如何做，自己也要那样做；父母自己奋力达到目标，是在教孩子如何达到目标；父母自己让步，是在教孩子让步；父母思考、全神贯注做某事、玩游戏，也是教孩子这样做。

父母的身体力行是对孩子最直观的教育，心灵教育永远化于无形。孩子会成为什么样的人、如何评价周围世界、如何评价自己和自己的行为取决于父母的做法。

相信孩子

不相信孩子，是抹杀孩子的一切，是犯罪。父母认为孩子总是犯错，所以很难相信他们。事实比这复杂得多，一切都与预想的不同。正因为父母相信他们是坏孩子，他们才会变坏，不再信任父母，开始说谎。小孩子不明白怎么回事，少年则会一遍一遍地朝父母怒吼："你们不相信我，你们不理解我！"父母则怒不可遏，他们认为孩子说谎成性，他们迈出的每一步都是欺骗。

这个说谎成性的孩子比别人更需要信任，只有信任才能治愈他们："被揭穿谎言 100 次的人，还会继续欺骗别人 200 次。"后半句是："不论谎言是否明显，只要你相信他一次，或者假装相信，他会羞于继续欺骗。"

人们根深蒂固的想法是——犯错就要惩罚，但是惩罚后他会变得更坏。实际上所有人对于过错都是同一种反应：惩罚、指责、训斥。其实，完全有其他处理方法。平静的话语比高声叫喊作用更加明显，未说出口的指责比已经做出的评判更加掷地有声。如果孩子无法预料自己行为的后果，就很难做出判断，父母的指责让一切明晰，说明他做了坏事、错事，可是如果父母没有指责他——他会迷惑不解，迫切地想要知道你对此事的反应。面对孩子的错误，父母可以这样说：“你是我们的好孩子，我们相信你，但是有时候你的行为实在是不应该。”首先必须给予孩子信心和信任。孩子对错误认识得越深刻，父母的谅解就越能给他留下无法忘却的印象。

在波兰教育学家雅努什·科扎克的孤儿院里，将过错分成两类：被原谅和承认错误。那些被原谅，但别人还生他气的孩子，就是因为没有承认错误。

如果孩子因为淘气闯下很多祸、犯了很多错误，父母有两种选择：告诉孩子自己生气了，对他的爱变少了，或者告诉孩子，自己像以前一样爱他，然后再把他犯的错误拿出来讨论。采用第二种方法时，制造不愉快和让孩子良心不安的就不是父母，而是行为本身了。孩子对上述事件的理解变为：“是我做错了事，这个行为产生了不愉快，而不是爸爸妈妈知道了我犯的错而惩罚我。我遇到困难时，他们总是在我身边。”

不要用沉默推开孩子，沉默会比难听的话更快、更残忍地摧毁亲子关系。一个小男孩绝望地在日记中写道：“骂我，说明他们还有反应，眼里还有我，可是沉默说明他们连话都懒得和我说，当我不存在，我什么都不是。”

没有说出口、无论如何也不会表现出来的对孩子无形的信任能够给予他们无穷的力量，可是哪怕再隐蔽的微小怀疑也会破坏亲子关系。

父母抱怨孩子时，他们越来越相信孩子总是犯错，对孩子的信任越来越少，孩子也变得越来越坏。

父母的怀疑对儿童心灵的伤害尤其大。如果家里有女儿，她晚归半个小时，父母就怀疑她出去鬼混了，家里会产生很多争吵。当然，担心孩子没有错，孩子也应该按时回家。可是父母不应该也无权怀疑孩子。法律条文中对“无罪推定”有明确规定：没有证据证明犯罪嫌疑人有罪，犯罪嫌疑人被视为无罪。可是在和孩子打交道，而不是和十恶不赦的犯罪分子打交道的父母心中却没有“无罪推定”的概念，孩子总是被怀疑。

父母经常问自己，也在心里问孩子：“你会成为什么样的人？”这个问题本身潜藏着巨大危险。过度关心孩子将来会变成什么样的人，蒙蔽了父母看他们今天什么样、本来什么样的眼睛，极其不利于其形成正确的自我评价。好像此时此刻父母面前活生生的孩子有什么地方让他们不满意一样。对于孩子自身而言，他认为自己现在就是真正的人，他的头脑中没有非人和不合格人的概念。父母当前越真诚地把孩子视作真正的人，他在成长过程中会变得越好。

总是思考、担忧未来，父母是在和臆想出来的孩子交流，而不是和正站在他们面前活生生的孩子交流。可是你无法和未来的孩子交流，无法陪他散步，无法比较现实与未来，只有活在当下。从孩子出生的第一天起，就与父母走上了不同的道路：他努力过好当下的每一天，父母却始终在憧憬未来，这个未来是孩子和父母都无法预知的。在发生这种严重分歧的情况下，亲子之间如何互相理解，如何找到共同语言？父母的教育面向未来，只为未来服务，他们的教育盲目，因为不知道自己希望得到什么。持这种想法的父母对孩子的教育好像在追逐海市蜃楼一样。所以，无论父母操多少心，我们的教育没有发挥应有的力量，所以父母才会对孩子生出各种不好的揣测和预想。所有孩子都梦想成为伟大的人，很多父母希望看到自家孩子成为不同凡响的人。父母轻飘飘的过高追求成为孩子承受的负担，剥夺了孩子应有的快乐童年。父母越期盼孩子成为理想中的孩子，越难接受不符合自己心目中理想形象的孩子，越难找到亲子之间的共同语言。越赞叹、坚定地相信孩子不同凡响，孩子越可能辜负父母的期望。

所有的孩子都是上天创造的奇迹，但奇迹是平凡的。

父母应该理解自己的孩子，也应该理解世界上的其他孩子。我们总是说：“我多么理解你！”可是“理解”这一概念背后到底隐藏着什么含义？所以我想问问大家："怎么理解？理解什么？"答案是不知道。

从小鼓励孩子诚实、信任别人，那么当人人谈之色变的青春期来临之后，他们就会主动向父母寻求建议、支持，从而少犯错误。

妈妈了解孩子，了解他们的需求和困难，知道孩子想要什么，知道该在哪些方面、如何帮助他们。妈妈仔细观察孩子的表情和动作，然后得出结论——他们饿了、困了，也可能是尿布湿了，马上过来帮助。但是随着孩子年龄的增长，家长逐渐失去了理解他们的能力。奇怪的是，家长不仅不理解正在成长的孩子，也拒绝理解他们。理解孩子很难，只有一个人接受另一个人，才能谈得上理解。如果孩子感觉不被父母接受，说明他们觉得父母不理解自己，会和父母渐行渐远，把自己隔绝起来，那时不论父母是否指责他们，是否和他们做斗争——一切都没有意义了。所有的孩子都是在被理解、被爱时才能称为小孩子。

爱即是接受孩子原本的样子，孩子活得比大人更艰难，他们总是被品头论足，每走一步、每个动作都要接受大人的检阅。试想一下——你能忍受这样的生活吗？为什么我们更愿意亲近不对我们指手画脚、接受我们本来面目的人？弄清楚这个问题后，我们再来谈谈该如何与孩子相处。孩子需要被接受，父母必须压制自己想要把他们变成另一个人的欲望。孩子的生活不是考试，父母也不是考官。

如果孩子感觉到自己是被理解、被接受的，他们会接受任何意见。可是如果感觉不被爱，则会随时准备回击、不愿意听从任何人的意见，即使是正确的意见也无法理性接受，无法翻越内心自我保护的藩篱。所以孩子可能会听从父母一方的话，却未必听从另一人的话。

每天有大量信息涌向孩子小小的头脑，如果全部接受，他们会陷入困惑和迷乱中。他们的心灵只对特定信息和要求敞开。接受何种信息完全取决于大人对待孩子的态度和是否接受孩子。与所有人一样，孩子也有选择权。

如果父母对于孩子而言是压力、不适和危险的源头，孩子会立起屏障，让父母无法抵达自己的内心深处。接受孩子原本的样子，父母其实是满足了他们对于安全感和认同的需求，父母的家是安全、不可或缺的。接受孩子所有的缺点，父母收起怒气，父母的怒气也是催生缺点的源头。如果父母不理解孩子，他们的缺点和过错只会引起父母的愤怒，他们也听不进去父母的任何话。如果责备和批评一直伴随着孩子，家对他们而言不再是安全的避风港，他们需要向外寻求被理解、被无条件接受的避难所。在这种情况下，父母会丧失对孩子的影响力。他们的心灵离家出走，缺点日益根深蒂固，而父母还粉饰太平地说："我只教好的，我教育他……" 父母只剩下这些话可说，只能责怪孩子忘恩负义，他们不明白为何会走到这一步。

接受成绩好和听话的孩子比接受行为无赖、成绩差的孩子更容易。此时是父母的智慧、对孩子的爱和善意发挥作用的时候了。爱是从接受一个人身上让你无法理解、让你不高兴的特质开始的。当我们谈到男女之间的爱情时，我们常说："如果你爱一个人，会原谅他的一切；如果你不爱他，他做什么你都会生气，做什么都是错，而且无可争辩。" 如果家长总是生孩子的气，不给他们辩解的机会，那么当孩子直截了当地说 "你们不爱我，我做什么都是错" 时，他们说得没错。我们仔细分析一下孩子说的话，他们说这些话时带着十足的绝望，是他们再也无法忍受时的心声，如果父母依然不接受、不理解他们，就是不爱他们。被爱的人是没有过错的。

还有一种教育方法 —— "拒绝爱孩子"，很多妈妈采用这种方法，这种方法在孩子 7 岁之前有效：妈妈不爱我了，妈妈不说话了。但是终有一天妈妈会体会到孩子不再爱她，生她气的感觉。拒绝爱的教育方法是否正确？妈妈不愿意听到孩子说不爱自己，那么孩子从妈妈口中听到这句话时是什么感觉？曾经最亲最爱的妈妈，突然不爱自己了——那是全世界在面前轰然倒塌的感觉。

父母拒绝爱孩子通常发生在孩子最需要支持的时候。当他们累了，在学校里发生了不愉快的事；当他们陷入困境；当他们做出考虑不周的轻率行为，良心不安；当他们渴望依偎进父母怀里沉默一会儿；当他们渴望像遥远的童年一样被拥进怀里。可是大人往往因为失望而拒绝与之沟通——责骂、埋怨、无休止的教训劈头盖脸地向孩子袭来。孩子只能无助地直面各种麻烦事，此时会催生出孩子心灵中的恶意，他们甚至已经想好了报复的画面。

母亲和父亲对待孩子的态度不同。母亲出于本能接受孩子、爱他，父亲则因为孩子是什么样的人而接受他、爱他。父亲批评孩子，不会有损父子关系，母亲则不同，她的每句话都关乎个性、母子关系和爱。父亲的批评只是批评，母亲的批评却是不再爱孩子。如果父亲和孩子断绝往来，这当然很糟糕，可是孩子可以挺过来，可是如果母亲不再理睬他，这对他而言是毁灭性的打击。母亲能够影响孩子的本质，因为他们本是一体。

说到这里，很多人会问这样的问题："这么说，要在各方面对孩子让步，迎合他们？"不是的，当然不是。迎合是忍耐，是克制，是纵容。接受不是退让，接受是理解和爱。

每个人都是独一无二的

曾经有一位妈妈说过非常理想化的话："教育孩子其实非常简单，只需要记住一点，想想你童年时是什么样的，你的孩子一定与你不同，他既不是爸爸妈妈，也不是爷爷奶奶的化身。"记住孩子是与父母不同的人——这是非常了不起的观点。孩子与你我都不同，不要用虔诚和惊奇的目光看待他们，要把他们看作某个不熟悉的人。很多妈妈听幼儿园老师说："你家孩子与别的小朋友不一样。"与别人不一样——不合群、不寻常、不一样……这难道是他们的错吗？这难道不好吗？什么是与别人不一样？只是想说他们不合群罢了。

老师做课堂小测，结果给小男孩打了 2 分。给大家讲解错题时，把小男孩叫到黑板前，让他重做一遍。小男孩的解题步骤与测验时一样，老师非常生气，小男孩很伤心，老师叫家长来学校。父亲来到学校后，听老师讲了事情的始末，尝试着做那道题，他得出的答案和儿子一样。那道题是这样的：骑摩托车、开汽车和骑自行车的人分别到加油站加油。摩托车手加油用了 2 分钟，自行车手用了 1 分钟，汽车司机用了 5 分钟。如果加油速度是每分钟 15 升，问：每种交通工具的油箱容量是多少？

老师的题出错了，自行车为什么要加油？你会说谁没犯过错？一切看起来合情合理，但是班里的学生没有人质疑题目中有错误，这个小男孩分析了、思考了，他确实与别的同学不一样，这一点让老师很愤怒。

告诉一个人他和别人一样，这是不能容忍的行为，这里暗藏谎言。每个人都与别人不一样，都是独一无二的。所以孩子反抗并大声疾呼："我跟你不一样，我不想……"

很伤心，是不是？妈妈希望女儿好好学习，成为和自己一样的学霸，但是妈妈并不热爱生活，也不会生活。很多人会问这样的问题："如果妈妈的行为不合理，为什么要强迫孩子以妈妈为榜样？"因为妈妈希望女儿像她一样。

如果父母能明白在他们身边、与他们生活在同一屋檐下的是与他们并不相像的人，父母会更平静地看待孩子的性格特点。而且孩子不是父母的所有物。父母觉得孩子缺乏理智，急切地让他们适应特定的环境、开导他们。可是孩子并不缺乏理智，他们只是有另一种智慧，是一种与父母完全不同的存在。在孩子看来，父母的很多做法糊涂又荒谬。我在这些话中嗅到了深深的愤怒之情。亲爱的父母们，不要生气。请从另一个角度切入上述问题：

孩子有权愚蠢，有权说蠢话、做蠢事。再回到本节开始时那位妈妈说的话，想想我们小时候什么样。想起来了，相信很多父母都觉得自己童年时糊涂又荒谬。请尊重孩子的愚蠢，每代人都有自己特有的、其他世代的人不明了的愚蠢。智慧万世不变，年轻人的愚蠢却总能推陈出新，年轻人逐渐由与众不同的愚蠢生出平常的大人的智慧，只是与前人的智慧有些微不同。正因如此，世界才能一点一点地缓步向前。

还有一种观点：大人的愚蠢只是愚蠢，是没有希望的毒瘤，儿童的愚蠢却是未知且奇妙的，没有人知道这会催生出何种智慧，儿童的愚蠢是充满希望的新芽。

你的孩子会拥有与你完全不同的童年。一个人无法让另一个人与自己相像，谁也做不到这一点，别人永远是别人。为了在面对孩子时不束手无策、不失望、不伤害他的自尊心，必须学会把他看作另外一个人，不教训他，不在他面前卑躬屈膝，也不强迫他为你折腰。你在他面前没有优势，你们没有可比性，是完全不同的人：他是，你也是。但是当父母听到孩子说“我像爸爸”“我像妈妈”时，像是得到了至高无上的荣誉。其实这也始于“不同”，因为孩子永远不可能像你一样，你是独一无二的。

孩子具有反抗精神，他们不想像父母那样生活。当他们感觉到不公正时，不能压制内心的呐喊。“为什么情况又一次失控了？”你愤怒地说。孩子不想被当作父母实现目标过程中的傀儡。父母无形中的自私正在断送孩子的前程。其实父母不贪婪，他们无所求，但是在很多行为中都透露出父母的自私。孩子在大街上表现不好，父母拉扯他，威胁他，挽袖子准备揍他，这些行为都不是因为孩子表现不好，而是顾虑别人怎么看，觉得难为情。别人可能会说，孩子被宠坏了，父母不会教育孩子。父母希望被别人说好，这是他们的私心。妈妈对儿子说：“别人会怎么想？会说我们家的孩子太坏了……”对儿子来说，最亲近的人的话里包含明显的自私——别人会说他坏或认为他坏，而妈妈不希望如此。然后，儿子会故意表现得更差。孩子长大后，父母希望他们能考上大学，但是命运再次让父母感到羞耻，孩子没考上大学，考砸了。自私——父母总是顾虑周围人的想法。父母与孩子吵架不是为了他好，而是为了与周围人保持良好的关系，为了不让别人往坏处想。虽然父母满口高尚之语，但是背后不那么高尚的目标孩子看得比父母更透彻。

经常叫孩子的名字，叫他们的爱称，叫他们宝贝、兔宝等。这能引起孩子的情感共鸣，有利于其在与人相处的过程中表现得更灵活，扩展其自“我”概念。

孩子的一生是父母生平的延续，甚至是其生平经历的一部分。

不仅如此，孩子的生命是父母生命的结晶。孩子就像父母的教育好坏的鉴定书，所有父母都想得到更高的鉴定成绩。所以经常敲打孩子：“好好干！别给我丢脸！”但是长大成人的孩子有自己的生活，他们是独立的个体，不是谁的附属品。父母想要成为赢家，而孩子不过是挂在他们身上的勋章。

举一个例子，孩子学习成绩很差，父亲被老师叫到学校。回家后，他朝孩子大声怒吼：“我都为你感到丢人，我真想找个地缝钻进去。”孩子的理解是，觉得丢人的是父亲，不是自己。对于没有直接指名道姓的说法，孩子一律不接受。孩子认为，父亲生气是因为被麻烦了，不得不在老师办公室里忍受煎熬时刻。渴望平静也是私心所在。对孩子怒吼不是因为他学习成绩差，而是因为成绩差让父母被打扰，而孩子恰是一切麻烦的源头。

人们渴望获得平静，不是所有人都可以为了孩子牺牲自己的平静生活。家长们捍卫自己的平静，对孩子说，“别打扰我！”“让我静一静！”“为什么我要因为你忍受这些麻烦事？”“为什么我要听老师讲这些烦心事？”“我对你干的蠢事忍无可忍。”

实际上，父母妄图不牺牲任何权利养大孩子。每次与孩子发生冲突时，问自己一个问题，就像流行侦探小说中常问的那样：“这到底对谁有利？”如果实话实说的话，90%~100% 是对父母有利。任何华丽的辞藻不过是父母自私的烟幕弹。

父母用独立教会孩子独立，用诚实教会孩子诚实，当然自私也会教会孩子自私。孩子是反映父母形象的镜子，孩子身上能看到父母的行为、活动与主张。如果反映得不准确，说明父母存在欺骗和弄虚作假行为。不能根据儿子评判父亲。是的，的确是这样，但是通过孩子可以窥见父亲的良心。如果父亲行为卑劣，不可能不在孩子身上留下印记。可能，负罪感藏在父亲眼睛里，孩子只是敏锐地捕捉到了一丝躲闪。

孩子是晴雨表，是精密仪表，不仅能测量到正面信息，也能捕获负面信息。他们在很多方面以大人为榜样，跟大人学习。“如果爸爸可以抽烟，为什么我不可以？”“如果妈妈可以朝奶奶大吼，我为什么不能？”“现在不行，因为我还小，那么是不是我长大了，就可以做这些事了？”亲爱的父母们，你们怎么回答最后一个问题？

我们只能是作茧自缚，孩子长大后的做法多数模仿成年人。

还有：大人往往没有耐心——快点、快点，没完没了地催，所有人匆匆忙忙……

古人对于教育过程如是说：“无法容忍时必须理解，无法理解时必须容忍！”这句话里包含前人在上千年间积累的伟大智慧——何必匆忙，任何人、任何东西出现在生命中都是有理由的，一切事物自有其规律。“咱们坐下来心平气和地谈一谈”——彼此倾听，彼此容忍，共同决定。现代社会所有人皆行色匆匆，耐心有限，父母的逻辑更是奇怪：“今时看老。”这个结论是如何得出的？不知道。但是父母虔诚地相信这一点，认为孩子今后也会和今天一样，今天表现好了，以后就不用操心了。父母和老师试图规定孩子的发展进度，可是他们没有料到，发展节奏是自然决定的，每个孩子的节奏都不同。现在的中学流行分尖子班和普通班。大人们在想什么？想要达到什么目的？把孩子分成聪明的和不聪明的、有天赋的和没有天赋的，随波逐流的和不合群的，这本身就不合理。这又是成年人的私心在作祟，他们按照方便自己管理的标准给孩子分类。管理时可以一目了然，所有人乖乖听话，不需吵嚷，不需追逐。儿童夏令营的老师对小男孩的最大意见是，太好动了，踢球、奔跑，没有一刻安静。只能说这位老师不喜欢孩子，更甚者——他无法容忍孩子。教育工作者能够理解，运动可以带走负面情绪，如果小男孩克制自己对运动的需求，会变得粗鲁、讨人厌，这是有目共睹的。老师的意见只有一条——太好动，这是没有耐性和缺乏理解的表现。再举一个例子：还是这个好动的小男孩，他很难老老实实地坐在座位上一节课，前两年小班老师允许他在不打扰别人的情况下站着或走动，他可以这样听课和回答老师提问。第三年时，小男孩已经能够安静地坐满一节课，他完全准备好升入小学，那里有各种各样、忍耐力完全不同的老师。小班老师没有立刻强迫孩子坐满规定时间，这避免了孩子未来会出现的很多问题。对这位老师致以诚挚的敬意和感谢。

要学会等待，有一个成语是 揠苗助长。父母觉得无趣、烦闷："他什么时候才能长大，什么时候才能像我一样？"然后轮到孩子苦闷："这是很实际的想法，这是固定和单调的对话，我永远不会像你们，我也不会像你们一样生活。"

长大成人

下一个和最重要的发展阶段是——脱离童年。在一些文明中为这个阶段的孩子举办特殊成人礼，给孩子改名或进行严酷的身体试验。少年时期到来，之前蛰伏的性发育和性格力量的弹簧得到释放。迎来第二次生命，成为一个新人，努力达到之前父母没有给予他们的力量。他们的成人生活是否顺利，取决于他们在生活中学到了什么、自我评价如何、习惯于采用何种方法达到目标。在长大成人的过程中他们没有丢掉听话的能力。该阶段的一切都取决于少年与家的内心联系是否强烈、牢固。如果内心联系牢固，一切痛苦和艰难时光都不会将他们打败，如果没有，家庭氛围则会充斥着焦虑和不信任。

最终，孩子从学校走向成年人的世界，然后走出父母家走进自己的家。等他们有了自己的第一个孩子，生命走过一个循环，生物学意义上的教育过程走向终点——孩子成为父母。孩子完全脱离父母的掌控，却陷入责任的窠臼。他们需要主动调节自身行为，否则还会回到之前未开化的状态。

出生、脱离童车站起来、走出家门、走出院子、脱离童年、走出校门、离开家——这是从一个生命出生到另一个生命出生的7个主要阶段。为了让长大成人的孩子快乐，他们必须内心完全依赖于父母，物质完全独立。

给孩子幸福的机会

让孩子幸福。父母总说，希望他们没有任何灾祸，希望他们事事幸运，希望他们一切顺利。当父母与孩子吵架时，父母让孩子赤裸裸地暴露在命运之前，疏远孩子，缺少安全感的无助让他们害怕又委屈。人的一切特质从两种相向运动中得出：内心作用于人的力和人作用于外部世界的力。这两种力在某个交点相遇，不会抵消，而是叠加。

举例说明上述内容。

- 内心作用于人的力，——“a”；
- 人作用于外部世界的力——“b”；
- 幸福状态——“c”。

如果孩子对于幸福状态“c”的追求（所施加的力）没有遇到内心的阻力，可以用下列公式计算：$b+a=c$。

如果来自外部世界的力对渴望幸福的力起反作用，可以得出下列公式。

- 如果 $b > a$，则 $b+(-a) < c$（不完全幸福感）；
- 如果 $b < a$，则 $b+(-a) = -c$（不幸福感）；
- 如果 $b=a$，则 $b+(-a)=0$（不满足感）。

如果渴望幸福的力等于0，那么无论来自外部世界的力多么厚待他，这个人也永远无法感到幸福，因为他不需要幸福，他不相信自己，也不相信自己有幸福的机会。

父母应教会孩子幸福感，教会他们渴望达到目标，教会他们坚定，教会他们坦然接受失败（没有任何病态后果和不良行为反应）。

只有孩子内心生出对幸福的渴望和自身力量的信念，父母才能教会他们幸福。为了让孩子得到幸福，父母首先应该尽全力奔向幸福。有时也有信念被摧毁和志向被遗忘的情况发生。这难道不是父母一手造成的吗？

父母过度关心孩子，尽力扮演他们的幸福守护神的角色，把他们送到最好的中学、大学，给他们买最贵的衣服等。孩子看似什么都不缺，但是他们幸福吗？他们是幸运儿，但是不幸福。父母如此想让自己的孩子幸福，以至于没有觉察到正在将他们引向不幸的深渊。父母自信自己知道如何让孩子幸福。妈妈给儿子买小汽车，买的不是他们想要的那辆，而是妈妈觉得他们最需要的那辆，或者买更贵的或更便宜的——这不重要。妈妈剥夺了孩子的选择权，摧毁了他们对幸福的渴望。如果孩子总是被如此对待，他们会疲于追逐幸福，最终放弃。

如果父母心情不好或下班后很累，这时不要教育孩子。最好先休息 15 分钟，散散步，做点别的事让自己静下心来，然后再和孩子说话，检查作业，给他留明天的作业等。

不论地位高低、是否富有，幸福不是物品，是一种心灵状态，这种状态在得到想要的东西时产生。幸福的力量与目标的大小和意义无关，与愿望的力量有关。当父母把孩子送进名校，父母是幸福的，孩子却未必。幸福机制的运作方式是，人们有渴望达到的目标，利用一切条件为己所用，冲劲十足、随机应变，甚至倔强固执。人不是为幸福而生的，幸福是为人服务的。幸福到底是什么？幸福对于某一个具体的人来说是他对幸福的理解。对于小孩子来说，幸福是妈妈给他们买了期盼已久的玩具，水汪汪的眼睛闪耀着幸福的光芒；对于饿了很久的人来说，幸福是一片面包；幸福可以是成千上万件微不足道的小事，也可以是某一件我们视如珍宝的东西。幸福是自然给予人们对于各种目标坚定的渴望及达成目标的通用奖励。幸福是践行希望，不幸则是希望破灭。为了让孩子获得真正的幸福，他们周围环绕的必须都是幸福的人，这样可以将对幸福的渴望传染给孩子，让孩子坚信可以获得幸福。

父母常常抱怨，他们把最好的一切都给了孩子，可是得到的回报只有失望。父母认为，如果他们奉献了所有，就是把一切都奉献给了孩子。可实际上这之中孩子分到的部分很少，他们没有看到最重要的——幸福的父母和家庭。孩子像躲避传染病人一样逃离不幸福的家庭，不幸的人的面貌会削弱孩子追求幸福的信念。没有信念如何获得幸福？父母越试图引起孩子的同情心，让他们可怜父母，越难建立亲子关系，因为同情无法引起孩子幼小心灵的共鸣。如果父母不幸福，孩子宁愿同情小狗，也不会同情父母。小狗的不幸对孩子无害，偶尔还有益，因为它能够给予孩子成为强者和高尚的人的机会，可是父母的不幸福让他们痛苦，而且无力反抗。孩子有时只是无法承受父母的不幸福带来的重负，自动开启保护性抑制模式，心逐渐死去，变得麻木不仁。不幸福的父母无法教育出幸福的孩子。孩子还会因为不幸的情况患上名为“不幸福”的慢性不治之症，这病症是拜围绕在他们周围的不幸福的人所赐。

第九章

理性惩罚

Формируем

здоровую

самооценку

解读孩子敏感的自我意识

嘲笑是尖锐、伤人的武器，只能对特别有幽默感的孩子采用嘲笑法，这样的孩子可以用同样的方式做出回应。对于自尊心强的孩子，不宜过多地使用嘲笑法。必须严格遵守禁止人身攻击的原则。宁愿不开玩笑，也不要过火。

惩罚对于很多父母来说都是极其复杂的问题：是否要惩罚，体罚还是言语惩罚……这是一个迫切需要解决的问题，这个问题在儿童教育、培养儿童得体行为、正确自我批评和培养正确自我评价意识的过程中具有重要意义。下面是我总结的关于惩罚的几点建议。

- 惩罚一定不能有害于儿童及其健康，不论是心理健康，还是身体健康。而且惩罚应该发挥有益作用，我想大家对此应该可以达成共识。只是家长们盛怒之下总是忘记考虑这一点。
- 如果犹豫是否应该惩罚孩子，就不要惩罚。任何预防和惩罚手段都不是“放之四海而皆准”的。
- 如果孩子一次性做了很多错事，一次惩罚完毕，而不应该把每个过错单挑出来一一惩罚。
- 不要剥夺对孩子的爱，爱无法撤销，但是惩罚可以取消。

- 惩罚得太迟，倒不如不惩罚。很多家长把孩子两三个月之前，甚至更久远的淘气和过错拿出来责骂，却忘了即使是最严格的法律也规定了犯罪追诉时效。迟来的惩罚暗示孩子回到过去，这会限制他们的发展。
- 错已犯下，事情过去了，就应该翻过这一页，继续书写下一页。对过去的不良行为不再置一词，不要妨碍生活重新开始。
- 无论孩子犯了什么错，对他们的惩罚都不应该是成年人力量相对于弱小孩子的胜利，也不能贬低孩子。如果孩子认为大人是对的，是因为他们更有力量，那说明惩罚手段已经走入歧途。
- 应该让孩子知道，无论发生什么事，父母会一如既往地爱他。父母则应该明白，孩子不是完人，不可能从来不让爱他的人伤心。

父母发现，孩子急于接受惩罚，好像故意碰钉子一样。这是因为，如果孩子因为淘气惹出不少祸事，他会充满负罪感，内心难过、不安，认为自己是坏孩子。可是如果他被原谅，会感觉很轻松，父母惩罚他说明已经原谅了他，他又重回好孩子的轨道。

额外家务

额外家务，如打扫地毯、把水桶拿出去、洗碗，这是孩子在任何情况下都不能容忍的，这会让他们憎恶劳动，更有甚者——憎恶生活。打扫地毯、把水桶拿出去和洗碗——这可以是孩子每天必做的家务，却不能当作惩罚手段。

为什么不能辱骂孩子

要时刻将“暗示感受性”这一概念记在心中。辱骂孩子说明大人坚信孩子就是懒蛋、糊涂虫等。

大人有计划地暗示孩子这一点，孩子会信以为真。你这样说就是为了让他们相信，难道不是吗？任何话在孩子耳中都是它本身的意思，他们无法理解转义，大人的“反过来理解”对他们而言不起作用。用辱骂或类似的方法评价孩子，实际上是在歪曲孩子的自我评价。

如果父母常说：“你真是扶不起的阿斗！”“屡教不改！”“神经病！”“我看你以后只有一条路可走——进监狱！”那么如果孩子最后真的变成这样，也没什么好奇怪的了。毕竟这是最真实、最直接的暗示，而且毫无意外地起作用了。

更严重的是父母一再重复：“你不爱我！”“你存心和我作对！”“你想气死我！”

孩子不愿意相信这些话，可是父母一次又一次地重复，强行把这些想法灌输给孩子。在孩子心中播下内心矛盾的种子，伤害他们的自尊，摧毁他们做自己的权利。

“这些话就像鹅身上抖落的水，入水无痕，对他们根本不起作用，他们很快就会忘记，然后故态复萌！”这是不可饶恕的无知！孩子不接受、忽视、置之不理——这是自我保护；说话粗鲁、成心作对——这也是自我保护。孩子只有两条出路：相信父母，妥协，扮演被父母强加于自身的角色，表现得符合要求，或者抗争、不接受、不相信。斗争的手段有很多，可以任选其一。孩子总是选择第二条出路，和父母任意斗法，为了证明自己可以在这个世界上有尊严地活着。

不能进行人身攻击

父母表达不赞成意见时，不能进行人身攻击，必须针对孩子的行为。不能说“你太残忍”，而要说“你的行为太残忍”；不能说

"你是个坏孩子"，而要说"你的行为很坏"。

间接不赞成

这是有影响力、委婉和表现形式多种多样的教育方法。经常信手拈来的使用方法之一——直接忽视。不表达任何看法——直接打零分。

不要表演得太过火，不要对孩子施加太大压力：通过一件事孩子可能看不清原委，第二件事他就明白了。不要玩沉默和猜谜的把戏，不要将坏心情暴露在孩子面前，要孩子费力猜测背后的原因。直接对孩子说，或者当着孩子的面和别人谈论某个同样行为糟糕的人。即使他没有联想到自己，你总算给了他理解自己所犯错误的机会。

暗含讽刺的表扬

孩子在桌子上转动茶杯，茶杯掉到地上摔碎了。

"这简直太好了，我早就想从桶里直接喝水了，用桶喝水更方便。"

请注意：你家孩子在场时，表扬其他孩子请慎重，当着他的面表扬别人，意味着间接地不支持他。

慎用嘲笑法

嘲笑是尖锐、伤人的武器，只能对特别有幽默感的孩子采用，这样的孩子可以用同样的方式做出回应。对于自尊心强的孩子，不宜过多地使用嘲笑法。必须严格遵守禁止人身攻击的原则。宁愿不开玩笑，也不要过火。

孩子能够在潜意识中敏锐地捕捉到别人对他的态度，所以必须直接对他说爱他。对孩子说“我很高兴看见你”“能和你一起做这件事真是太好了”“很高兴和你坐在一起”。这样能够教会孩子建立相互信任的亲子关系，与其形成良性互动。

家长规范

我们对孩子的惩罚实际上是感情的惩罚。教育中的严厉、宽和、专制或民主可以得到极好或极坏的结果，因人而异。俗话说得好：“甲之毒药乙之良药，全看剂量。”

什么时候不能惩罚和责骂孩子（也适用于成年人）。

- 病了或身体不舒服，还有病好后的恢复阶段（心理极其脆弱，反应完全不可预期）；
- 吃饭时、刚睡醒、睡前、玩游戏或工作时；
- 身体或心灵受伤（考试没考好、摔倒了、和别人打架了或受到了挫折）后不能马上惩罚和责骂，等疼痛过去后再教育；
- 付出了百分百努力，还是无法克服恐惧、怒气、懒惰和其他缺点时；表现出无能力、无条理、无经验、笨拙和迟钝时——没有做成某事的各种情况下；
- 不论孩子是在小事还是大事上犯错，如果不明白他们的内心动机，就不要惩罚或责骂他们；
- 当你情绪不佳、劳累、因为某事伤心或愤怒时，这种状态的你不是真实的你——怒气总是撒谎。

第十章
表扬孩子

Формируем здоровую самооценку

解读孩子敏感的自我意识

评价会让人把注意力放在自己身上，只关注自身，成为以自我为中心的人。我希望所有人都能了解自己、爱自己、严于律己，却不希望有人只围着自己打转。

孩子对自己的态度取决于别人的表扬，他们可能会忘记表扬的原话，但是表扬不会水过无痕。如果开始对孩子的表扬很多，然后变少，甚至消失，会让孩子产生失去的感觉。

不再表扬孩子的情况出现在下列时刻；

- 生了二胎后——全部注意力都放在新生儿身上；
- 孩子学习成绩下降；
- 父母决定不能再纵容他，是时候教育他了。

孩子想法寻找机会表现自己能够被表扬的一面，开始撒着欢儿地求表扬，这种情况下很容易滋生欺骗。

大人们可有可无、毫不得罪人地赞叹："好漂亮的裙子！""好可爱的蝴蝶结！"对于一些人来说，这只是无伤大雅的表扬，但是对于孩子的幼小心灵来说——这是成为物品鉴赏家和物品奴隶的首次尝试。

大人们还喜欢重复："这个孩子太聪明了，什么都知道，什么都明白，他有非凡的才能！”——这可能是自命不凡的庸才悲剧的开端。

不要表扬不经努力就可以得到的东西。

不要表扬不经努力得来的一切！但并不是所有人都会付出努力，也不是所有东西都是通过努力就能得到……

以下情况最好不要。

- 对同一件东西（事情）表扬两次以上；
- 出于同情而表扬；
- 由于内心喜爱而表扬。

最应该表扬何人、何时表扬

每个人都需要被表扬，但是每个人都有自己的标准，对别人支持的需求程度也不同。下面将特别需要表扬的人群分为 3 组。

所谓自卑型

“所谓”这个词用在这里说明“自卑”的概念是不准确的。但是自卑是心理状态的真实反映。属于该分组的孩子长期感觉自己是这个美好世界上的最后一名（即使不是最后一名，也是倒数第二名）。产生自卑的原因众多：落后、病怏怏、太与众不同、害羞、姓氏奇怪、声音软绵绵、头发是红黄色、戴眼镜……

所有孩子都经历过这种状态，每个人都曾有自卑的时刻。如果一个人，尤其是小孩子，处于上述状态中却没有得到他人的支持、表扬，他们可能走向极端，甚至毁灭。仔细观察需要表扬和鼓励的人，他们把真实的自己隐藏起来，戴着面具生活，我们千万不能错失良机。表扬所谓自卑型儿童有助于其发展。

自满型

与所谓自卑型正好相反。健康、乐观、有才能、什么都能做、什么都能做到和本性慷慨大方给了他们过多的力量。这类儿童不多见，却具有重要意义：他们是希望的化身。这类儿童十分了解自己的优点所在，所以不可避免地生出被肯定、被认同的需要。才能需要追随者，但不是每个人都能经受住表扬和认同的诱惑。一个人被给予的越多，被索取的自然也越多。不要表扬能力，要表扬努力；不要表扬达到平均线的行为，要表扬超过平均线的行为。

自恋型

这类儿童身体健康、全面发展、比较有能力又诸事顺利，只是几乎从刚出生起就对他人的评价极度敏感。他们无法忍受一点点小的否定，对他人的表扬有着强烈的渴望。这类儿童可能会成为有影响力的活动家、穷凶极恶的失败者、阴谋家或忌妒心强的人。有一点爱吹牛，有一点骄傲自大，还有一点做作。表扬别人的时候，有一点压力，稍微倾向于争论和批评。表面上和蔼可亲，暗地里心胸狭窄……

必须及时发现这类儿童，自恋型儿童（自我评价摇摆不定）需要表扬，但表扬也会毁了他们。持有病态自我评价的儿童在任何感叹词中都能听出赞成或不赞成的意味。极度自恋的孩子将来可能变成心胸狭窄和疑心重的人。

预防：不论是负面评价，还是正面评价，给予这类儿童尽可能少的评价。

任何评价都有产生副作用的危险：评价会让人把注意力放在自己身上，只关注自身，成为以自我为中心的人。我希望所有人都能了解自己、爱自己、严于律己，却不希望有人只围着自己打转（不论是过于关注自己的优点还是缺点）。

自尊心是儿童发展的动力所在，但自尊应当适可而止。自尊心太强会限制儿童的发展，也可能将其引入歧途。

如何帮助自恋型儿童？父母应该温柔地、一步一步地告诉他们，游戏的成败没有那么重要，生活不在于一场游戏，不论谁的评价，都不会影响你的幸福和内心力量。

没有只属于一个类型的儿童

生活中没有纯粹的东西，实际上所有人都属于混合型，只是混合的比例不同。

10 岁之前的孩子简单地相信，自己是好孩子，不比任何人差。没有人向他们灌输相反的观点的话，他们会一直坚信这一点。但是随着性成熟的开始，自我评价进入新的阶段，残忍的对比和自我分析的爆炸波会将他们淹没。

少年突然需要尽快了解很多东西。

男孩：我文弱或强壮、胆小或勇敢、愚蠢或聪明、幽默或死板、诚实或卑鄙，都会被别人喜欢吗？

女孩：我漂亮或丑陋、可爱或不起眼、时尚或老土、聪明或愚蠢、整洁或邋遢，都会得到别人的喜爱吗？

我是谁？我是什么样的人？我是什么东西？谁需要我？我为什么存在？谁会喜欢我？

少年坠入问题的海洋，即使只是失败的发型、变声期的声音也会被他们视为彻头彻尾的悲剧。从嘲笑到痛苦只有半步之遥，只需要半句话。现在重视评价和分数的心理已经融入少年的血脉。此时谁还能够向他们解释明白，生活不是以货易货，付出与回报对等？儿时无意识获得的知识被牢牢记在心中，滋养和保护心灵。可如今，是否响应新知识、新能力的召唤取决于外部评价。现在的少年不仅活着，还需要证明自己有生活的权利：应该找到适合自己的职业，应该具备某种素质，否则不会被接受、被理解、被选择，无法找到与自己共度一生的人。儿时的喜欢就是喜欢，没有理由，少年却懂得喜欢背后的含义，纠结是否应该喜欢——这是一个问题。牢固的信任堡垒也可以顷刻崩塌。未来的一切，成功或失败都取决于少年时期形成的固定看法。如果没有人暗示少年，强迫他们感受："能活在这个世界上已经是一种幸福。你是独一无二的，前无古人，后无来者。你就是奇迹！"所有高深的谈话都是浮云。

将来会有心上人将这些话说给他们听，那么现在呢？除了父母还有谁能对他们说这些？

父母应该欢迎自家孩子的朋友来找他。这样可以更好地了解他的社交圈和与同龄人的关系。善良、聪明和通情达理的父母是提高孩子在小伙伴之间声誉的加分项。

有什么表扬什么

你不会刺绣，针线活却做得不错；网球打得不好，游泳却得了冠军。挽救岌岌可危的自我评价的方法数不胜数。小孩子的自我评价刚刚形成，无论什么都可以作为信心受挫的补偿。被妈妈骂了，奶奶却朝我微笑；小皮球丢了，却找到了草丛中的金龟子。

可以（有时候必须）表扬孩子的优点，有时甚至需要找优点表扬。

女孩儿不漂亮，她自己也知道这一点，那就表扬她的眼睛、声音、微笑，也可以表扬她的爱好。男孩儿比其他人文弱或胆小，但是画画不错，泥人捏得很漂亮，可以挑这些表扬。如果孩子病了，身体虚弱或精神不济，那么必须多夸他。表扬是我们赖以为生的基本营养，是救命良药。

可以用礼物、家养宠物、快乐的回忆和随时随地能够取用的其他东西代替表扬。

最后，还是那句老话——一切要有度。

表扬与鼓励

你已经了解到孩子有多么需要表扬，原则上也有能力、能够理解和感受到具体该怎么操作。只需要一个推动力。当孩子迈出第一步，父母为什么要吝惜赞赏和鼓励呢？看到孩子用稚嫩的笔触画的画，为什么不慷慨地致以微笑呢？父母出于本能（事实证明这是完全正确的）鼓励孩子接近自己，因为知道没有父母的帮助孩子无法认识周围的世界。

孩子生命中的每个时刻、迈出的每一步——都是第一次。父母是孩子在这个艰难世界上的引路人，他们能够信任孩子，并把信任说出口。父母的信任可以创造奇迹，能够把可能变为现实。

父母必须相信一切皆有可能，并把这种信念传递给孩子。

如果你想要教会孩子独立（整理玩具、做作业、洗衣服、做饭；不要灰心、不要害怕、不要吹牛、不要没礼貌地说话）——做该做的事，成为该成为的人，一定要记住教育是从表扬开始的。刚开始一定要诚恳、慷慨地表扬孩子，不要害怕表扬过多，要鼓励孩子为达成目标所做的每一点小小尝试，以及为迈出第一步所做的每一次尝试。

教育中最重要的时刻——提前打气："你一定可以做到！""你比你想象的还要棒！""你已经快做到了！""你可以更聪明、更坚强、更勇敢！"

提前打气可以鼓舞孩子，坚定他们的信念；提前泄气则是危害极大的负面暗示。我们听一听大人的说辞：

“我已经给你演示该怎么系鞋带了，你这个笨蛋……”

“你又 12 点才进家门，以后超过 9 点半你就不要回来了！”孩子没有回家，因为接受了父母的暗示，父母十分生气，他们甚至没有想到，是自己命令他 9 点半以后不许回来的。

学习成绩是影响多数家庭和谐的绊脚石。孩子没考好，有时会不愿意回家，因为父母总是骂他：“又不及格？你太不听话了，什么都懒得干，跟你说过多少次，你不觉得丢人吗……”只有少数父母能够用些许讽刺和理解面对孩子不及格的成绩：“恭喜你哈，万事开头难，还能得两分，居然没考零分……”

成绩差是可以补救的，可是不信任孩子——相当于犯罪。

早晨的表扬——这是开始艰难一天之前父母给孩子的甜头。美好的早晨应该从正面情绪开始，早上不是和孩子算昨天的账的时候，不要说些鸡毛蒜皮的事，不要责骂孩子，应该以高兴的情绪开启新的一天：妈妈爱孩子，在家里等他们放学回来，爸爸把他们送到相邻街区，然后哥哥带着弟弟走进校门，弟弟感到非常骄傲，只有他有这么好的哥哥。美好的早晨从好心情开始，这样孩子才能做成很多事情，因为成就感到欢欣鼓舞，也会让父母高兴。

不需要用表扬打扰晚上的美好时光，只是亲亲孩子，温柔地说一句——“晚安”，和孩子谈谈心，这是彼此敞开心扉的时刻。爸爸拒绝亲儿子，认为这与男子汉教育背道而驰。亲爱的爸爸，你错了，缺少父母爱抚的男孩子无法成为男子汉，无法变得更强壮、更勇敢。这样的男孩子不善于理解和接受爱，他会因此不幸福。

对已经长大成人的儿子说温情的话——这是使家庭关系牢固的保证。请亲吻和爱抚你的儿子，他未来的妻子和孩子会感谢你的。

如果孩子得不到父母的爱抚，他会坚定地相信，他是不被爱、不被需要的。他完全不会往其他方面想，想不到父母有多么忧虑、不安。信任是一种伟大的力量，不要吝惜给予孩子信任，让他在你身边真正感到幸福。

如果孩子口吃或有其他语言缺陷，别忘了时不时地提醒他：“你已经说得比以前好了，更清楚、更流利了。”即使孩子没有进步，甚至语言能力更糟了也要这样鼓励他。当他的语言能力确实提高了，最好不要特别关注，不要表扬他——这时的表扬可能会起反作用。建议和口吃的孩子一起在家中唱歌，这有利于锻炼孩子的语言能力。专门选择一天或几天，大胆地开口唱吧，用自己的实际行动告诉孩子不要羞于开口说话，不要因为自己的缺陷感到难为情，这是直接暗示、锻炼他相信自己的最佳时机。

类似策略对于患有神经性抽搐的孩子也很有效。要十分平静地对待孩子的抽搐，但抽搐加重时，最好装作不经意地暗示孩子，已经好一些了，情况正在好转，最终一切都会过去。也可以采用游戏治疗法，扮演演说家的角色，设置戏剧舞台，把过去发生的事情演出来。其实扮演什么角色不重要，重要的是让孩子感受到自信和坚定对未来的信心。

如果孩子患有夜间遗尿症，任何情况下都不要因此责骂孩子，孩子回忆起羞耻的事会伤心和自卑。不要刻意强调孩子昨天晚上没有尿床，他自己知道这一点，这本来就是理所当然的事。就像对待口吃的孩子一样，表扬也会起到反作用。

孩子有其他不良习惯或强迫症时，不论其脱离父母掌控的形式和程度如何，也可以采用类似战术。

无论孩子害怕何人、何物，父母都不应该感到羞耻，不要嘲笑、责骂他，不要试图劝服、强迫他。“胆小鬼”这个词必须从父母的字典中剔除。引导孩子做出正面的自我评价。要给予孩子更多支持和鼓励，采用各种可能方法暗示他，他会变得更加坚定和勇敢。明确地告知孩子，每个人都有自己害怕的东西。可以用任何理由（与他恐惧的事物完全无关）表扬孩子的勇敢。给孩子创造表现勇敢精神的条件，给他机会表现勇敢。如此一来，儿童的恐惧可以不治而愈。

表扬与鼓励的危险性

过多地表扬孩子，容易让他们迷失自我。凡事需有度，对一个孩子说一句话就够了，另一个孩子 10 句话都嫌少。如果总是表扬孩子没有做到的事，会让他们有一种错觉，什么都不用做，反正都会得到表扬。

如果父母提高要求，表扬的标准会自动提高。

任何要求的提高——要求孩子更独立、学习更用功、更有纪律性——都是从鼓励和认可其成绩开始的。父母必须给孩子铺设向上的台阶，先激发他们的热情，然后再说出他们做得不好的地方，必须把他们的不足表达得清楚、准确，之后才能要求他们做得更好。这个方法既适用于儿童，也适用于成年人。

能够鼓舞人心的表扬可以是直接的、间接的、带有讽刺意味的和不现实的，只要能增加孩子的自信就是有效的。要求孩子做的事、保持的状态或做出的行为必须是愉悦的，是足够吸引人又可以实现的。父母的任务是采用各种方式鼓励孩子。很多父母认为孩子没有值得表扬的优点，这个想法大错特错。持这种想法的父母没有发现、也没找对孩子的优点。我坚决建议你仔细考虑、回想和比较孩子身上的优点，以更加认真的态度对待他。孩子身上可能有你从未发现的优点：孩子无形中养成了良好习惯，放学回家后脱下脏鞋（这一点爸爸都不一定总能做到），收拾自己的碗筷（弟弟从来没做过）。没有优点还是父母看他的眼光太短浅？没有成就还是父母眼神不好？认真对待孩子，仔细分析，你会在他身上找到众多未经探索的优点。

试着和孩子讨论各种话题。父母可以通过这种方式了解孩子的兴趣、见闻和愿望，这个过程有助于提高他们的自我评价，有助于在他们少年时期和成年后依然与其保持亲密的亲子关系。

学会感受孩子的兴趣所在，可以和他们讨论感兴趣的东西。很多父母最关心学习成绩，可是成绩之外，生活中毕竟还有很多有趣的东西和现象，给孩子发表意见的机会。不要总是问他们万年不变的问题："最近在学校怎么样？成绩好不好？有没有学到新东西？"可以用更加吸引他们的方式提问："今天听了什么音乐？周末想不想去看话剧（电影）？你们班里通常都因为什么争吵？"

事物的发展过程总是有起有落，孩子的发展也不例外，有时某一过程持续时间很长，有时发生危机，有时倒退，有时看似毫无希望，有时会钻进没有出路的死胡同。

“他彻底变坏了，拿他一点办法都没有，什么都不想做，什么都不感兴趣。”“他变得又蠢笨又粗鲁，以前会的也都忘了。”别急着下结论。可能孩子内心产生了隐秘的醋意、委屈或恐惧，又羞于承认，又或者只是不舍得童年就此远去。早晚有一天他会回到正轨：按时起床、叠被子、做功课，变得有礼貌、听话、认真和体贴——他终有一天会学会生活，这将是极大的成就。

间接鼓励或不露痕迹地表扬

随便举一些例子：假装你没有看到孩子，不知道他在身边。

“今天家里的空气特别清新，干净得一尘不染……”（孩子第一次打扫整个房间）

“盘子白得发亮，太棒了……厨房干净整洁……”（孩子主动洗碗）

“我们学校有一位学识渊博的历史学家，他没给任何一个学生打过 5 分，包括优等生在内，能得到 4 分就很幸福了……”（孩子长期处于低迷状态后拿到了第一个 4 分）

你并没有在表扬，只是说出了心中的想法和感觉。

上述内容你可以用孩子能够听到的音量说出来（不论是直接

说还是不经意地说，即使他没有刻意在听，也能很好地捕捉话里的意思）。不要吝惜赞美，也可以给孩子讲一讲同样品性可嘉的人。可以用同样的方法表达不赞同。从孩子10岁开始，用间接方法表达的赞同和不赞同比直截了当更加有效。

孩子的逻辑（少年尤为如此）：如果不是直接对我说的，说明说的是实话。该规则也适用于成年人（他们也不过是长大了的孩子）——他们更愿意相信偷听到的两个医生关于自身病情的对话，而不愿意相信医生对自己直接陈述的病情。

但是不要过度表达：不要间接暗示两遍，不要草率、粗糙地暗示——孩子能够马上识破这个把戏，继而丧失对你的信任。还有，绝不能间接表示嘲笑，这种方法非常危险，可能给孩子的自尊、信任和信念带来不可挽回的打击。

间接表扬的方法不可胜数，下面列举一些可行的方法。

像对待同龄人和长辈一样征求孩子的意见。

"请给我个建议，哪个更好？"不要羞于说这些话，对于孩子而言这是闪光的时刻：终于有人问我意见了，我是被信任、被需要、不可或缺的。

遵从孩子的建议，即使他们的建议不是最好的，甚至是荒谬的，请勇敢地迎向孩子赤裸裸的愚蠢。教育结果远重于其他，然后你可以依照自己的意愿做这件事，孩子依然会认为，这是他们出的主意，而且帮到了父母。

像对待同龄人和长辈一样寻求孩子的帮助。

请求远比命令有效得多：屈尊寻求孩子的自愿帮助。教育永远带有表演色彩，需要一点小狡猾和智慧。让孩子感觉到，无所不能的大人也有孩子气、弱小、无助、依赖他人和无法保护自己的时候，对，就是依赖孩子。如果你想培养出真正的男子汉，这种方法在“母子”关系上会产生奇效。

“帮我拿着包，胳膊不听使唤了……”

“这台洗衣机怎么用……”

“吸尘器不好用，帮我看一下什么毛病……”

第十一章
教育建议

Формируем здоровую самооценку

解读孩子敏感的自我意识

家长们在关心孩子教育的同时，也要给自己留出时间：读读书、听听音乐或看场电影。这样可以让孩子看到积极生活的父母，帮助孩子找到自己的兴趣。

教育需要父母的智慧、感性与理性相结合，最后给孩子带来最大益处。让孩子相信他们是被爱、被理解的，能够正面评价自己，学会明辨是非，最后成长为全面发展的人。

给自己时间

父母和孩子在一起时不要像机关枪一样说个不停，要给自己时间思考和观察。学会掌握停顿：先弄清情况，再做出反应。孩子不喜欢手忙脚乱，父母不妨放慢节奏，潜移默化地影响他们。“青蛙日夜鸣叫，没有人听；报晓公鸡一叫，天下震动。”如果父母说的内容空洞无意义，还不如什么都不说。

给孩子时间

大约每两个孩子中就有一个由于某种原因无法跟上父母的教育节奏和要求，大约每 10 个孩子中就有一个由于天生原因比其他人反应慢。普希金和爱因斯坦小时候都是笨拙、迟钝的孩子。“静水流深”，他们凡事比同龄人慢，但是到一定时间必然会赶上，甚至超过其他人。孩子不是机器。

命令或不命令

孩子对命令式语气没有反应，他们听不到或者直接忽略，这种情况每天都在上演，父母一生气，喊得更大声，有时甚至采用暴力手段，如果父母体力跟得上，请对已经长大成人的孩子使用暴力试试。亲爱的家长们，请回想一下，你对领导的命令、羞辱声调是如何反应的？命令也不会得到即时反应，大部分人需要一定时间考虑清楚。孩子也是一样——他们常常不明白，为什么要这样做，是不是换个时间用其他方法做会更好，他们在反抗，想通后会把事情按部就班地做好。如果父母不再试图对孩子施压，一切水到渠成。如果必须要求他们动作快点，要用愉快、乐观的声调坚决、果断地“命令”他们，采用“没有选择的选择”法。如果经常发生这种情况，可以和孩子做交易，让他们进行“没有选择的选择”，不要发生冲突——规定时间过去后，用愉快但坚定的语气命令他们履行诺言。

尽量不要暗示负面信息

“你会被狗吃掉。”“把你送给叔叔养。”“你会感冒、生病。”如此循环往复。

孩子很难不受这些“关心式”警告的负面影响。我们总认为，小孩子很快就忘了，什么也记不住，毕竟他们对这些话都没有做出反应，但是负面暗示绝不会毫无痕迹地溜走。恐惧、悲惨、仇恨会在另一时间、另一地点觉醒，父母却不明白这些负面情绪从何而来，毕竟我们没教他们这个，只是关心、爱护他们而已，可是孩子对这个爱护的理解却是另一种版本。

父母对孩子的“爱护”还体现在教他们和小伙伴打架这件事上：“下次你要主动出击——给他点颜色瞧瞧。就这样打他，像拳击手那样，或者这样揍他。如果他更强壮，找根棍子或砖头打他，要有男子汉的样子。”结果就是孩子把小伙伴眼睛打伤了。父母十分震惊：“我们没教他用棍子打眼睛，只是……嗯，让他晃晃吓唬吓唬就得了……谁知道会这样。”

这是曲线逻辑学的典型示例——曲线逻辑没有引向逻辑归处，而是拐了弯、斜着走，到达未知之处。

曲线逻辑学是关于曲线逻辑和各种含义被曲解（蓄意和不由自主）的科学，该术语由来已久。

高贵的骑士打伤了放肆无理、无恶不作的坏蛋——那么我们可以理所当然地认为，出身高贵的英雄可以、应该打伤别人吗？这是个问题。

就事理而言，出身高贵的英雄只能“偶尔”“在个别情况下”“在特殊情况下”才能打伤别人。如果出身高贵的英雄“可以”和“应该打伤别人”的理论在脑海中根深蒂固，这是曲线逻辑在作祟。

尽量不要向孩子暗示负面信息，如果你说了负面的东西，一定要向孩子解释清楚，该如何对待这类事情。即使一时冲动也可能受到曲线逻辑的误导，造成负面影响。

尽量暗示正面信息

有人问心理医生这样一个问题:“儿童看心理医生会得到什么?”

答案触目惊心:“儿童患者来治疗口吃、精神病症、变态心理,但是最重要的是——患者来看心理医生是为了确认自己是一个孩子,无论如何自己都是好孩子,无论如何都可以活着,都可以活得很好。”

就是这么简单,这是最重要的目的。孩子每天都需要这个简单而重要的目的。

父母都应该遵从下列规则:让孩子每天高兴地起床,安心地入睡。

家长们在关心孩子教育的同时,也要给自己留出时间:读读书、听听音乐或看场电影。这样可以让孩子看到积极生活的父母,帮助孩子找到自己的兴趣。

不要做出不现实的承诺

孩子的世界不仅需要童话,更需要生活知识。据统计,最严重的悲观主义者基本都是儿时被过度乐观教育的人。不能压制孩子的问题和怀疑，不论多么危险和不合时宜，绝不可置之不理。不论孩子已经长大还是年纪还小，不要为他们描绘“和谐繁荣世界的美丽画卷”，这样孩子会透过粉色眼镜看世界，风险极大，等待他们的只有失望。

父母要有信心

生活复杂得不可思议：你知道自己什么都不知道；你相信自己什么都不相信。这是每天、每分钟都需要面临的矛盾。但是与孩子打交道，尤其是与少年打交道时，信心绝不能少。没有信心寸步难行，教育也是如此——父母没有信心，孩子会忽视他们说的每一句话。

父母说的70%的话、做的50%的事都是没有任何意义的，不如摒弃这70%和50%，坚定信心说剩下的30%和做剩下的50%。即使有时不是完全正确，也一定要信心十足。

给孩子和自己喘息的机会

让孩子在父母不断的暗示中喘口气，尤其是千篇一律的暗示。

据统计，父母平均每天用命令的口气和孩子说话37次，告诫的语气42次，指责的语气50次。如果每天有人对你说这么多次类似的话你会怎么样？不难想象，这类父母培养的孩子更容易成为神经过敏者和精神变态者。

孩子不仅需要暂时躲开命令、指令、劝告和责备，还应该暂时脱离父母的影响和请求，父母应该时不时地命令自己给孩子一定程度的自由，不要总是用外部因素影响他们。

执勤犬训练员训练小狗崽时有一个有意思的原则："逐渐减少吹口哨召唤和发号施令的次数。"

以身作则

我们已经全方位讨论过，必须成为孩子的榜样，给他们做出行为示范，这个理论无可反驳。但我们需要的不仅是无懈可击的形式，还有亲子关系的灵魂。

如果形成互信、真诚的亲子关系，父母不需要表现得特别完美，孩子只会学习父母身上好的一面。如果双方相互理解，释放最大善意，即使最朴实的优点也会大放异彩，最严重的缺点也会消失于无形。

如果亲子之间不能相互理解，父母提出的所有要求和教导都收效甚微："我在你这么大的时候可不像你这样。"得到的回答只能是："等我到你那个年纪也不会像你那样。"

父母有令人讨厌的"好"，也有救命般的"坏"，少年可能在父母的缺点里找到自己存在的理由，也可能在父母的优点里看到自己的微不足道。正面示范的灌输可能让他们一辈子厌烦不已，回想起来都觉得愤怒和反感。

距离

温柔快乐的妈妈在每件小事里都表现得很冷淡，稳重严肃的爸爸却经常微笑，偶尔和孩子嬉闹一阵，在这种潜移默化的影响基础上树立威信、形成互爱和相互理解的关系。任何关系（不仅是与孩子的关系）中的距离艺术为进一步亲密留有余地。距离尺度没有标准答案，有些孩子常年不亲近别人，也不允许别人亲近自己，可是另一些孩子每隔几分钟就跑到妈妈怀里撒娇。距离太远会产生表面冷淡和疏离，更近一些——亲密和亲昵，再进一步——交流贬值、失去尊重、失去所有。

信任、真实与谎言

父母抱怨孩子孤僻。对付孤僻的唯一王牌——实话实说，克服孤僻的唯一方法——不要撒谎。

首次出现内向、孤僻现象的时期正好是第一个固执期、第一个危机期。这个时期表现内向好像没什么，可是孩子拒绝交流。如果父母不懂分寸和克制，孩子的内向可能会在周围人的死缠烂打下变成他的性格特点。少年穿着早年间打造的自我保护铠甲可能会变得粗鲁或存心捣蛋，他时刻保持戒备，除非大人找到说服他的方法，向他证明没有人能够对他形成威胁，这样他才能找回信任和善良。培养孩子的安全感——任重道远，最重要的是大人不要说谎。

父母理所当然地认为，孩子的内心世界应向父母敞开，不能藏有秘密。父母应该学会如何正确提问题。正确提出的问题可以挽救孩子，笨拙的问题则会毁掉他。侧面切入问题，避免正面直击内心，可以和孩子先谈谈自己……

父母应该注意到，无论孩子说什么，中心思想都是自己是对的，别人是错的；他是好孩子，别人不是好孩子。孩子的话中选择性遗忘某些信息，又不经意地添加某些信息。

这还不是谎言，只是试探，给出自己的反应，再试探信息接收人的反应。这种自我保护机制发展为有意识的谎言将是非常可怕的。揭穿孩子的谎言是危险又痛苦的，第一反应——迷惑不解：“他居然当面撒谎？”第二反应平静得多——“谁没说过谎？”

孩子第一次发现父母说谎的时间无从得知，但是孩子的沉默、不动声色可能是因为困惑、意外，也可能出于礼貌，甚至羞耻。

父母总是允许自己说谎，却不给孩子说谎的权利，这本身就是最大的谎言。父母不仅自己说谎，还教孩子说谎。

起初大人出于自我保护才说谎，是不由自主的，然后是为了不掀起风波，把事情弄得更糟而说谎——对自己有利的谎言、救命的谎言、善意的谎言，最后习惯成自然。很多人说谎是为了粉饰太平，是出于自己未得到满足的爱。

闲暇时可以和孩子一起讨论谎言。心平气和地讨论何时不能说谎，如何做到不说谎，什么时候需要说实话。冷静地看待摆在面前的问题，自己试一试，看你能不能坚持一天一夜不说谎。

观察孩子的状态

试着理解和接受下列关于孩子状态的信息：

- 在不快乐中掌握的知识等同于没掌握；

- 失去信心的男孩不机灵，个子也长得慢；
- 经期前和经期中的女孩没有完全责任能力；
- 睡前半小时和起床后的半小时内不能有任何情绪和脑力压力，避免神经衰弱。

第十二章 有助于儿童形成正确自我评价的游戏

Формируем здоровую самооценку

解读孩子敏感的自我意识

儿童在游戏过程中朝气蓬勃、快乐自在，这有利于他们合理安排自己的空闲时间。要鼓励孩子参加学校和家庭举办的各种活动，而不是整天坐着上网或看电视。毕竟在活动过程中与参与者的交流是无可取代的。

游戏是儿童获取知识、发展各种技能（包括与大人和同龄人交流的技能）、形成正面情绪的源头，正面情绪有助于推动儿童的生长和发展，提供自我评价，对其健康有益。心理学家和教育学家给人的快乐、微笑和身体健康画等号。获得正面情绪能量的同时，孩子也向着善良和美丽发展。

益智游戏有利于儿童发展，虽然从心理学角度来讲并非完全如此。户外活动游戏、桌上球类游戏和角色扮演游戏有助于发展儿童的各种能力，最好能把上述几种游戏结合起来。

认真考虑孩子喜欢罗托游戏还是各种拼图玩具。想好后给孩子买这类玩具，这类玩具可以提高孩子的专注力、记忆力和逻辑思维能力。除了玩具外，还有很多游戏可以帮助孩子发展各种能力，比如社交能力。

如今风靡全球的角色扮演游戏对于儿童能力和个性特点的发展有重大意义。人为创造场景总是能吸引各个年龄段的参与者。回想一下，你小时候多么热衷于玩“妈妈与女儿”或“间谍”游戏，更不用说灰姑娘或终结者了。穿上特制服装，可以短暂进入自己角色的生活，这可以给儿童带来极大满足。

最简单的角色扮演游戏——在节日时和孩子再现童话“小木屋”或“小圆面包”中的场景。你会看到，这给孩子带来了多么愉快和有益的时光，尤其是在准备服装的情况下。

角色扮演游戏的主要作用在于解决交流问题，给孩子机会模拟主题实践活动。孩子在角色扮演过程中不仅能够发展自己的观察、思维和逻辑能力，还能获得快乐，实现自己关于某人、动物和物体的想象。如果孩子性格腼腆，这类场景有助于其学会与人顺利交流。

角色扮演有助于儿童获得第一手与周围人交往的经验，然后更好地适应任何环境。游戏策略的使用效果以年龄心理学的特定角度为依托。首先，人会在一生中扮演不同的角色；其次，在幼龄、学龄前阶段，游戏是与周围世界交流的主要形式；最后，培养和获取交流技能时，少年更倾向于选择游戏作为与外界交流的形式。

对于儿童、成年人和少年最有吸引力的是角色扮演游戏，因为可以在这个游戏中以不同的面孔示人，展示自己没有被人发现的技能和才干，建立受用一生的自信心。

对于中学生来说，游戏具有社会色彩，孩子想象出神秘的社会、俱乐部、秘密地图、暗号、口令和某种特殊的仪式。年龄再大一些后，少年花更多时间与同龄人交往。大部分游戏退出儿童成长舞台，但是掌握人与人之间关系的新形式、体验不同社会角色、得到周围人认同的需求没有消失，反而日益增强。但是，孩子无法通过自己的力量建设符合自己要求的行为模式。此时就需要角色扮演游戏的帮助。最流行的角色扮演形式——戏剧表演游戏（比如，扮演剧本中的某个角色）。游戏参与者选择角色，演出各角色之间的协同配合、相互影响。这类游戏帮助孩子从不同角度看问题，教会他们坚持自己的观点。小型角色扮演游戏的典型是场景再现，让游戏参与者演出自己解决某种冲突的办法。

角色扮演游戏是说不完的，最重要的是——其对于儿童整体发展具有重大意义。扮演主角和演好主角，可以帮助腼腆的孩子获得信心。游戏给孩子机会表现自己的另外一面，学会在与人交往中灵活处理各种情况。孩子成功扮演游戏中的角色，展现自“我”，可以增强自信心，更坚定地做出正面自我评价。

儿童在游戏过程中朝气蓬勃、快乐自在，这有利于他们合理安排自己的空闲时间。要鼓励孩子参加学校和家庭举办的各种活动，而不是整天坐着上网或看电视。毕竟在活动过程中与参与者的交流是无可取代的。

一般认为，从小被欢乐气氛包围的孩子长大后，面对各种突发情况能够泰然自若，较少感受到精神负担和失望情绪。

对于儿童而言，游戏是完整事件。组织经过深思熟虑的游戏、充实游戏内容——是一个好的教育工作者和父母的任务。

提高自我评价的游戏

妈妈为什么爱我

游戏目标：提高儿童在其他儿童面前的重要性。

适合年龄：4 岁以上。

游戏过程：让小朋友围坐在椅子上，然后提议大家轮流讲述妈妈为什么爱我。之后提问一位游戏参与者，让其复述每位小朋友讲述的被爱原因，其他小朋友可以在必要时给予提示。然后请你与孩子们一起讨论大家讲述的内容，询问他们："自己说的话被别的小朋友记住是不是特别开心？"

神奇的小雨

游戏目标：减少儿童的焦虑不安、提高自我评价和帮助儿童与集体紧紧团结起来。

适合年龄：4 岁以上。

游戏过程：询问孩子们是否喜欢在夏日的小雨中玩耍。在孩子们七嘴八舌的时候告诉他们，现在正下着这样的小雨，只是不是平常的雨，是神奇的雨（胶水雨）。现在大家都被胶水雨粘在一起，然后就这样去散步。让孩子们一个挨一个地站成一排，后面小朋友的胳膊搭在前面小朋友的肩膀上，然后在屋内走动。警告孩子们，路上会遇到各种障碍，需要大家齐心协力地绕过去或跨过去，因此大家必须紧紧抓住彼此。然后，在孩子玩的时候告诉他们雨停了，大家可以慢慢走动，也可以躺在阳光下的草地上。

我是狮子

游戏目标：增加儿童的自信心。

适合年龄：5 岁以上。

游戏过程：给孩子们讲一讲狮子的故事，提议大家扮演狮子。让孩子们蒙上眼睛，想象自己变成了百兽之王——强壮、自信、有力、英武、自由而又美丽的狮子。然后请孩子们依次展示狮子的样子——让他们睁开眼睛，以狮子的名义说出自己的名字，比如，“我是狮子阿列克谢”，然后学狮子如何在自己的领地上高傲、自信地行走。

我特别棒

游戏目标：营造良好的情绪氛围，增加儿童自信心。

适合年龄：5 岁以上。

游戏过程：让小朋友们围坐在椅子上，轮流说“我特别棒”，但是开始前要先练习几遍。和孩子一起分别以低声、平常声调和高声说出“我”这个词，然后用同样的方法让孩子们齐声说出“特别”和“棒”。再提议大家一起说完整个句子“我特别棒”。之后让孩子轮流说：“我——斯维塔！我——特别棒！”然后大家站成一圈，手拉着手，分别以低声、平常声调和高声重复 3 遍：“我特别棒！”

手掌

游戏目标：提高儿童自我评价。

适合年龄：5 岁以上。

游戏过程：给孩子们分发纸张和水彩笔，给孩子们展示如何张开五指把手按在纸上，画出自己手掌的轮廓。提议大家在画出的每个小手指上写一句对自己的祝福语。然后把纸张收集起来，一一展示给大家看。念出小手指上写的话，让孩子试着猜猜，这是谁的小手。

我是国王

游戏目标：给孩子成为关注焦点的机会，让他们感受自己的重要性，表现自己随机应变的能力，完成他人发出的指令，目的在于培养稳定的自我评价和自信心。

适合年龄：6 岁以上。

游戏过程：在房间中间放一把椅子，告诉孩子们这是国王的宝座。每个游戏参与者可以在上面坐 5 分钟，体验当国王的感受，向别人发号施令。其他小朋友必须服从他的命令，然后再轮到自己扮演国王的角色。

恭维话

游戏目标：展示儿童的正面品质，帮助儿童感受他人的理解和赞美。

适合年龄：6 岁以上。

游戏过程：让孩子们站成一圈，手拉着手，然后依次转向自己旁边的小朋友，看着他的眼睛说："我喜欢你的……" 说出那个小朋友的良好品质。被赞美的小朋友应该点头并回答道:“谢谢,我很高兴!”然后,被赞美的小朋友再转向与自己相邻的小朋友说恭维话。一圈轮完后,和孩子们讨论这个游戏,问他们当别人对自己说恭维话时是什么感觉,对自己有了什么新的了解,是否喜欢别人对自己说好话。

兔子与大象

游戏目标:让儿童体会自己最勇敢、最强壮的感觉,提高自我评价。

适合年龄:5 岁以上。

游戏过程:提议孩子们玩兔子与大象的游戏,先让孩子们扮演胆小的兔子,兔子很害怕,收起耳朵和脚掌避免被人发现,摇晃尾巴。让孩子们表演兔子听到人类的脚步声后如何逃走并藏起来,然后演出兔子看到狼的表现。与孩子这样玩几分钟,告诉孩子们,现在所有人都是大象。描绘这个庞大、平静和无所畏惧的动物的步态,问孩子们大象遇到人会怎么做,怕不怕人?必要时可以给出提示,大象与人和谐共处,碰到人后可以平静地走开。要求孩子们扮演勇敢的大象。然后让孩子们围坐在椅子上,讨论这个游戏。问小朋友们更喜欢扮成哪种动物。

阳光

游戏目标：帮助儿童体会自己是被需要、被爱和成功的。

适合年龄：5 岁以上。

游戏过程：让所有游戏参与者把目光集中在一个小朋友身上，说这个小朋友冻僵了，需要让他暖和过来，提议大家一起做。让小朋友们围成一圈，被指定的小朋友坐在中间。给小朋友们分发代表阳光的彩笔，告诉大家要对中间的小朋友说几句温暖的语。把自己手中代表阳光的彩笔递给中间的小朋友，并对他说很爱他，说出他的良好品质。从别人手中接过彩笔时，小朋友应该面向说话人，并回答“谢谢”或“我很高兴听到这些话”。

在平静的气氛中玩这个游戏，游戏参与者应该是对孩子来说非常重要的人。可以选在孩子生日那天邀请客人到家里来，然后玩这个游戏。也可以让其他孩子坐在中间成为游戏的主角，或者向其他小朋友承诺，等他过生日那天也玩这个游戏。

无论表扬还是批评孩子，都要使用合适的语气。表扬孩子时，要带有善意，表现出自己因为他的成就而感到高兴；批评孩子时——严肃、克制、理性，最重要的是不能伤害他的自尊。

我喜欢你的……

游戏目标：教会儿童发现别人和自己身上的优点，说出自己的观点，与他人交流。

适合年龄：6岁以上。

游戏过程：提议孩子们站成一圈或两两一组。让大家轮流对另一人说自己在他身上发现的优点："我喜欢你的……"

结束传球

游戏目标：帮助儿童发现自己的技能和成就，变得更加自信和勇于掌握新知识。

适合年龄：6岁以上。

游戏过程：站在离孩子不远的地方，为他解释游戏内容。你说传球开始，把球扔给孩子，他接住球后说传球结束，把球扔回来。传球时你要多次重复"我能……""我会……""我想要学会……"孩子把球扔回来重复你刚才说的话，但是要换成自己"能""会"和"想要学会"的技能。这样他能够理解自己学会了多少东西，激发他继续前进，掌握新知识、新技能。

我会……

游戏目标：帮助儿童了解自己已经学会多少知识、技能，培养儿童的自信心，提高自我评价。

适合年龄：6 岁以上。

游戏过程：孩子们围坐在一起，大家轮流讲述自己可以做到哪些事。如果某人在列举自己的优点时遇到困难，其他游戏参与者可以给他提示。

优点花环

游戏目标：教会儿童发现自己的优点，鼓励他自我发展。

适合年龄：6 岁以上。

游戏过程：和孩子一起把纸裁成条，在上面写下好的特点（善良、礼貌、勤劳、有力量等），已经掌握的知识、技能（画画、阅读、扫地、洗碗、捏橡皮泥等）。把纸条粘成花环形状，挂在儿童房内，定期和孩子讨论上面的每一条优点。如果孩子展现出另一面，学会新东西，把新内容写到纸条上，作为花环的新一环。

成就储蓄罐

游戏目标：养成儿童发现和珍惜自身成就的习惯。

适合年龄：6 岁以上。

游戏过程：和孩子一起用大罐子或硬纸盒做一个储蓄罐。根据孩子的意愿装饰储蓄罐，把本子和笔放在储蓄罐旁边。和孩子约定，每天放学回家后都要把自己的成就（不论大小）写在纸上，放入储蓄罐中。比如："我今天听写得了满分。""我今天画了很漂亮的画，外婆很喜欢。""我今天学会了滑冰。"如果某一天过得并不顺利，帮助孩子找出这一天哪怕小小的闪光时刻。储蓄罐越来越沉，孩子也学会了发现自身优点的方法，善于找到开心的理由。当孩子感到艰难，仿佛一切都没有希望，什么也做不成时，储蓄罐能够鼓励他继续前进。

以后可以口头重复该游戏，晚上帮助孩子回想自己一天的胜利和成就。

成就之花

游戏目标：帮助儿童发现自己的成就，培养自信心，提高自我评价。

适合年龄：6 岁以上。

游戏过程：和孩子一起做一朵有 7 片花瓣（每片花瓣代表一个星期中的一天）的花朵，花朵中心贴上孩子微笑的照片。每天晚上回想孩子一天的成就并写在花瓣上。一个星期结束后，全家坐在一起读一读孩子的成就，一起为他高兴。

卡片

游戏目标：教会儿童发现别人和自己的优点。

适合年龄：6 岁以上。

游戏过程：和孩子们一起准备卡片，上面画上代表良好品质的图画。和孩子们一起讨论图画，让他们明白每个图画代表的含义（比如，微笑代表快乐，哑铃代表力量，两面小旗子代表诚实）。如果孩子们会读写，还可以在卡片上写字。

给每个孩子发 5~8 张卡片，主持人发出第一个信号后，孩子们开始互送自己觉得适合对方的卡片——用胶条贴在对方背上。发出第二个信号后，所有人停止，数卡片数量。在讨论游戏的过程中，问孩子们收到卡片作为礼物开不开心，是收到卡片还是送出卡片更开心等。注意那些得到较少卡片和完全没有得到卡片的孩子，要知道他们把自己手中的卡片送给其他小朋友的时候也希望收到礼物。再重复一遍游戏，让这些小朋友也可以得到奖励。一般第二次游戏时，所有人都能收到卡片。

我们来做雕塑吧

游戏目标：教会儿童控制面部和四肢肌肉、放松、克服羞怯。

适合年龄：7岁以上。

游戏过程：孩子们两两一组站好，相互约定好谁是雕塑家，谁是雕塑。雕塑按照大人的指令在同伴面前做出各种动作，比如表演大笑、勇敢和考满分的孩子等。然后游戏参与者互换角色，大人给出新的指令。游戏结束后，让孩子们讲一讲对雕塑家和雕塑的角色有何感受，喜欢扮演哪种雕塑，不喜欢扮演哪种雕塑。

友谊

游戏目标：教会儿童不害怕，信任同伴。

适合年龄：4~5岁。

游戏过程：孩子们手拉手围坐在一起，然后提议每个人把脸转向邻座的小朋友，看着彼此的眼睛，真诚地给对方一个微笑。

陷阱

游戏目标：培养儿童的想象力和跨越障碍的能力，提高自信心。

适合年龄：5岁。

游戏过程：让游戏参与者（5~6 个人）紧紧围成一圈，指定一位小朋友站在众人围成的“陷阱”里，说明任务——可以用任何方法从陷阱中逃脱（在众人中间找到空隙钻出去、说服其中一个人让开、从腿与腿之间爬出去等）。

牧童与小羊

游戏目标：给儿童机会指挥别人，提高自我评价。

适合年龄：6 岁。

游戏过程：指定不自信的孩子扮演牧童，让他把乐器（铃鼓、木笛）拿在手里。其他孩子扮演小羊，蒙上眼睛，站成一大圈，围着牧童走动。牧童通过音乐指挥小羊走近自己，小羊听到音乐后必须聚拢到牧童身边。所有小羊聚集完毕，指定下一个牧童，游戏重新开始。

良好行为

游戏目标：教会儿童发现自己的优点和成就，提高自我评价。

适合年龄：8 岁以上。

游戏过程：每个孩子拿一张纸，回想自己一个星期以来所做的事（比如，背会一首诗、学会钉扣子、制作礼物等）。然后每个孩子从清单中选出最重要、自己认为属于特殊成就的3项。要求孩子们把这3项组成一句话，比如："你确实背会了诗、做题很快、画了很漂亮的画。"

如果刚上小学的孩子自我评价与自我监督能力相符，有助于其顺利地解决课上问题和完成课下作业，获得新知识。过低自我评价往往伴有过于宽松或过于严厉的自我监督，这会妨碍孩子的和谐发展。

生日采访

游戏目标：给儿童机会成为众人关注的焦点，讲述自己最好的一面，提高自我评价。

适合年龄：8岁以上。

游戏过程：告诉孩子们今天是一位小朋友的生日，将"寿星"请到黑板前或教室中央，祝他生日快乐，跟他说想要采访他，让大家了解他更多一点。问孩子下列问题。

- 今年发生在你生活中最有趣的事是什么？
- 今年认识了哪些人？
- 今年学会了什么？
- 在哪种情况下会表现得很英勇？

- 接下来的一年想要达到哪些目标？
- 想象一下：如果可以跟着最喜欢的人学习一周，你会选谁？

修正自我评价的游戏

回声

游戏目标：帮助儿童适应集体，感受到自己是集体的一部分，提高自我评价。

适合年龄：5 岁以上。

游戏过程：给孩子们讲讲回声是什么，什么地方可以听到回声，提议大家模仿回声。把孩子们分成两组。第一组发出各种声音，比如“啊—啊—啊”“哎—哎—哎”“哦—哦—哦”。第二组模仿回声，让第二组成员藏在不同地方，齐声重复旅行者发出的声音。告诉孩子们，必须根据主持人的命令模仿回声，这是为了帮他们保持原声和回声之间的停顿，第一组喊过后，主持人隔几秒向第二组发出回声指令。回声和原声的发音应该保持一致，即使并不协调，也没关系。帮助第一组设定走动路线，必要时可以提示他们发出何种声音。

毛毛虫的游行

游戏目标：培养儿童对同伴的信任，学会与其他人协同行动，提高自信。

适合年龄：6 岁以上。

游戏过程：提议让孩子们组成一条大毛毛虫。让孩子们一个挨一个地站成一排，后面小朋友的胳膊搭在前面小朋友的肩膀上，每两人之间放一个气球。告诉他们用后背和肚子夹住气球，不许用手碰。最前面的小朋友双手伸出拿气球。大人发出指令：毛毛虫准备好了，开始游行。为孩子设定好路线。

谁吹出了最大的气球

游戏目标：给所有游戏参与者设定相同的条件，谁都可能成为胜利者，包括自我评价较低的儿童，提高儿童自信心。

适合年龄：7 岁以上。

游戏过程：给每个小朋友发一个气球，主持人发出指令后，大家开始吹，谁吹的气球最大谁是冠军。如果有几个小朋友的气球大小差不多，要求他们把气球往上抛，谁的气球飞得高谁是冠军。

戏剧演员

游戏目标：减轻肌肉压力、消除疲劳、放松脸部肌肉——这有助于减少孩子的焦虑和不安，形成正确的自我评价。

适合年龄：5 岁以上。

游戏过程：大人提议孩子们扮成演员演戏，自己当摄影师。按照摄影师的要求，孩子们表演各种童话和动画片中角色的面部表情和姿势：狡猾的狐狸、胆小的兔子、恶毒的老巫婆、满口尖牙的大灰狼等。摄影师发出指令后，指导孩子们进行拍照准备："注意了，预备！""大家都不要动了！""注意，我拍了！""大家都是好样的，拍得特别好！"指出表现最突出的小朋友，注意最紧张的孩子——讨论他的动作，表扬他。然后一定要说，大家都表现得特别好，演员劳累的一天结束了，大家放松一下，静静地坐一会。

我送给你……

游戏目标：提高儿童自我评价。

适合年龄：5 岁以上。

游戏过程：让孩子两两一组手拉手，思考该送给对方什么样的礼物。然后让孩子们坐到桌子前，给他们分发纸张、彩笔和铅笔。要求大家画出送给对方的礼物，说明为什么选择这件礼物，最后送给对方。

听声音

游戏目标：教会儿童倾听周围的声音，讨论所听到的声音，提高自我评价。

适合年龄：5 岁以上。

游戏过程：与孩子一起安静地坐着，大家一起闭起眼睛听街上传来的声音。问孩子们都听到了什么声音（汽车驶过、小鸟唱歌、儿童说话），然后再问更详细的问题（汽车怎么驶过、小鸟怎么歌唱、听到了谁的说话声）。在此过程中一定要表现出关怀和善意，让孩子们集中精力听声音，流畅讲述听到的声音和回答问题。

另一种节奏

游戏目标：帮助儿童摆脱多余压力，适应共同节奏。

适合年龄：4 岁以上。

游戏过程：大人有节奏地拍手吸引孩子的注意力，然后边拍手边数数：1、2、3……孩子也会加入进来，一边拍手一边数数。大人逐渐减缓拍手速度，数数声音也越来越低。孩子也会跟随大人的节奏，最后逐渐安静下来。

舞蹈

游戏目标：减轻多余压力，教会儿童自由活动，提高自信心。

适合年龄：4 岁以上。

游戏过程：提前选好不同旋律、表达不同情绪的音乐，教孩子们开关音乐。给他们听几种旋律，让他们从中选择一种作为跳舞的背景音乐。和他们一起跳，教他们几种简单的舞蹈动作。然后让孩子切换到另一首音乐，和他们在另一种旋律下跳舞。最后在轻慢舒缓的音乐下结束游戏。

神奇的眼镜

游戏目标：教会儿童发现别人和自己的优点，提高自我评价。

适合年龄：5 岁以上。

游戏过程：向孩子们展示眼镜，告诉他们这是神奇的眼镜，戴上会看到别人身上隐藏的优点。试戴眼镜并和孩子们分享，你看到的他们多么美丽、聪明和快乐！走近某一位小朋友，说出他的优点："你画的画很不错。""你的辫子很漂亮。""你知道很多谜语。"然后让孩子们试戴眼镜，说出别人的优点。孩子说的优点可以有重复，但最好鼓励他们发现小伙伴身上的新优点。

能够正确自我评价的孩子在生活中的追求更现实，在实现目标的过程中坚定不移，能够以适当的批评态度看待问题，多数行为可以做到事半功倍，随着身高的增长和自身的发展，更有可能取得成功。

猜歌曲

游戏目标：锻炼儿童听力，教会儿童说出自己的意见，提高自我评价。

适合年龄：5 岁以上。

游戏过程：游戏过程中使用孩子们耳熟能详的歌曲录音。打乱顺序播放歌曲，让孩子们猜这是什么歌，出自哪部动画片。营造相互信任的氛围，让孩子们感到放松、舒适，这样他们才能集中注意力听歌，无所顾忌地发表意见。

冠军肖像

游戏目标：提高儿童自我评价。

适合年龄：6 岁以上。

游戏过程：给孩子们分发纸张、颜料或彩笔，提议大家把自己画成冠军。可以把这类美术作业展出，让孩子们都能看到。

举重运动员

游戏目标：了解儿童自我评价情况，必要时帮助其提高自我评价。

适合年龄：7 岁以上。

游戏过程：在一张大纸上画一个举重运动员，面前摆着 3 个大小不一的杠铃。在每个杠铃末端粘一个小口袋，把任务卡放入其中。小杠铃代表轻松的任务，大杠铃代表复杂的任务。可以准备各种任务：做数学题、猜谜、对比分析心理学历史、挑选韵脚等。告诉孩子们，任务的“重量”不同，可以自己选择轻重。完成每个任务后给小朋友们打分（根据难易程度不同可以给出 1~ 5 分不等的成绩），得分最高者胜。

镜子

游戏目标：教会儿童放松肌肉，通过面部表情和动作坦诚表达自己对别人的态度，有助于提高负能量和不自信儿童的活跃性。

适合年龄：6 岁以上。

游戏过程：游戏参与者（大人和儿童）两两一组，面对面站着，互相约定好谁扮演照镜子的名人，谁扮演“镜子”——重复对方的面部表情和动作，猜出所模仿人物的名字。在友好的氛围里孩子可以更轻松自然地表达自己对于模仿对象的态度，也能在“镜子”中看到自己的动作。

这是我

游戏目标：了解儿童的自我评价，帮助其提高自我评价。

适合年龄：6 岁以上。

游戏过程：让孩子在一张纸上用水彩笔或彩色铅笔画出真实的自己，在另一张纸上画出理想中的自己。评价图画的标准如下：

- 如果两幅图完全相同，说明孩子自我评价正确；
- 如果第一幅图比第二幅图色彩更明亮，人物画得更大，说明孩子自我评价过高；
- 如果两幅图有较小差别，说明孩子对自身比较满意，对未来有很多期许，希望自己变得更好；
- 如果第一幅图非常不起眼，第二幅图色彩鲜艳又富有表现力，说明孩子自我评价过低。

和孩子们一起讨论两幅图的差别，讨论怎么做才能成为理想中的自己，哪些行为会阻碍目标的实现。

我祝愿你……

游戏目标：教会儿童大声说出自己的意见，提高自我评价。

适合年龄：4 岁以上。

游戏过程：让孩子们围坐在一起，轮流向别人表达自己衷心的祝愿。

我做过的好事

游戏目标：提高儿童自我评价。

适合年龄：5 岁以上。

游戏过程：让孩子们围坐在一起，提议大家轮流讲述自己做过的好事，总结时表扬所有人，说大家都很棒。

名字

游戏目标：了解和修正儿童自我评价。

适合年龄：6 岁以上。

游戏过程：提议孩子们为自己起个名字或选择保留原有名字。问大家希望别人叫自己什么，为什么喜欢这个名字。在孩子的叙述中可以了解到他们对自己是否满意，是否想要变得更好。鼓励孩子用各种语气说出自己的名字——高兴地、生气地、轻声地、大声地等。

谁最会吹牛

游戏目标：教会儿童表达自己的意见，发现别人的优点，修正自我评价。

适合年龄：6岁以上。

游戏过程：让孩子们围坐成一圈，提议大家参加吹牛大王比赛，并解释游戏规则。给孩子们讲一讲有一个好邻居是多么幸福的事。建议孩子们认真观察坐在自己右手边的小朋友，想出他的优点（他会什么，做了什么好事，有什么爱好）。提醒孩子们必须找出邻座小朋友尽可能多的优点，这样才能赢得吹牛大王比赛冠军。孩子们可以发挥想象力，说出自己现编的对方的优点或者不是很明显的优点也可以。最重要的是让他们获得关注和正面评价。孩子们可以自己推举冠军，必要时大人可以发表意见。赢得吹牛大王称号的小朋友可以得到一份象征性的礼物——画出来的奖章或徽章。

画家

游戏目标：帮助儿童摆脱负面情绪和恐惧，提高自信心。

适合年龄：4岁以上。

游戏过程：给孩子们分发一大张纸和颜料，让大家画画，但不是用笔，而是用手指、手掌，甚至手肘和鼻子。主题任选——可以是童话中的野兽、外星人、落叶、想象中的花朵等。活动过程中孩子们解放身心，感到自由和快乐。然后带领大家去洗手。图画可以用作心理分析。

化装

游戏目标：给儿童自由以摆脱自卑、提高自信心。

适合年龄：4 岁以上。

游戏过程：给游戏参与者分发工具，让大家给彼此化装。讲明不仅可以画脸，还可以画裸露在外的其他身体部位（需经过对方同意）。欣赏自己的创作成果，大家一起高兴一下，然后再去洗掉。

该游戏可以全家参与，孩子大人齐上阵，这有助于了解游戏参与者之间的关系，帮助他们改善彼此关系。

稻草人

游戏目标：教会儿童信任同伴，修正自我评价。

适合年龄：6 岁以上。

游戏过程：游戏参与者不少于 6 人。提议所有参与者（孩子和大人）站成一圈，选定一位小朋友做稻草人，蒙上他的眼睛，帮他站到众人围成的圈子中央。主持人下令："不许把腿抬起来，不许向后倒！"然后围成一圈的游戏参与者小心翼翼地扛起"稻草人"，让他慢慢地在众人肩膀上移动。众人支撑着蒙着眼睛的小伙伴，不让他掉下来。应选定最勇敢的孩子第一个扮演稻草人，然后再指定胆小、不坚定的孩子做稻草人。

第十三章
与少年互动的方法

Формируем
здоровую
самооценку

解读孩子敏感的自我意识

孩子在少年时期会发生很大变化，有时亲子之间很难找到共同语言，即使之前相谈甚欢的话题在这个阶段也提不起兴趣。此时孩子身体和意识发生很多变化，包括对世界和对自己的看法。他站在悬崖边，孤独而绝望，那么父母呢？

孩子在少年时期会发生很大变化，有时亲子之间很难找到共同语言，即使之前相谈甚欢的话题在这个阶段也提不起兴趣。此时孩子身体和意识发生很多变化，包括对世界和对自己的看法。他站在悬崖边，孤独而绝望，那么父母呢？你是否也处于困惑之中？如何帮助他？如何避免他精神崩溃，做出绝望的行为，甚至自杀？

少年需要特别的鼓励，需要狂热的爱。父母对他的爱毋庸置疑，但是父母的爱必须直击他的内心，父母必须在他需要帮助的时候及时来到他身边。

爱不求回报，爱是给予。爱是无法评定的，你到底是爱你的孩子，还是爱他让你骄傲和欣喜的优点？

爱的种子能结出善之果，成就世界的善意和孩子心灵的善良，这是朝气蓬勃的力量。

内心的恐惧和隔阂则会开出恶之花，它具有否定生命的力量。人们常说，懒惰是一切恶习之母，那么谁是恶习之父？恐惧。哪里不接受新事物、谨小慎微，哪里就会生出秘密、怀疑、仇恨、背叛和蛮横。如果想要洗刷掉一切恶习，必须指出恶习形成的基础——恐惧。

爱是恐惧的天敌，只有爱才能战胜恐惧。儿童面对生活时往往不由自由地生出恐惧之心，而爱是对付这种恐惧和一切恶习的唯一可行手段。

与少年建立良好关系举步维艰，前路也不可预测，但是在某些情况下关系走向是可以预知的，并且需要小心呵护。这个阶段的亲子关系可以分为下列类型：坦率的严厉、坦率的温柔和地位平等。

坦率的严厉

坦率的严厉——在某些严格确定的事情上立场一贯强硬。

零花钱。给孩子零花钱的同时，是给了孩子自由支配零花钱的权利，这有助于培养他独立做决定的能力，钱花到哪里、花多少都由自己决定，这有助于培养正确的金钱观。

在零花钱上一定要做到态度强硬、准确和明确。态度强硬不后退，规定一定时间内给他一定数目的零花钱。类似事件的决定可以用协议形式写下来，由双方签字，避免某一方赖账。

日常协议可以做成进度表的形式挂在餐厅内，制定协议时多半会发生争论，如果最后成功达成协议，必然会形成一定的推动力。提前约定某种无法履行协议的惩罚，惩罚最好带有玩笑和欢乐的性质。如果惩罚不起作用，没必要失望，选一个合适的时间让自己也“忘记”或“不愿意”做某事：“如果孩子可以这样做，我为什么不行？”去看场电影或听音乐会，故意忘记买面包或忘记削土豆皮，但是要留下买面包的钱，把土豆放在厨房内显眼的地方。孩子肯定饿不死，但是会不会思考？不用怀疑，他肯定会思考，因为他感觉很糟糕，糟糕的感觉促使他改变。

事后若无其事地和孩子相处，这是最难的部分，需要提前准备和反复练习。

坦率的温柔

别忘了，少年也还是孩子，他需要被拥抱、亲吻和抚摸头。这种身体接触很有必要也很重要，能够立即摧毁他的心墙和亲子之间隔阂的藩篱。可以在孩子躺在床上的时候走到他身边。可以选择早上或晚上，只是坐一坐，闲聊，亲吻他，讲一讲他小时候的趣事——重点在于此，要让他感觉到，父母很遗憾他已经长大了，但是一如既往地爱他。有些孩子感觉是焐不热的石头，那是因为他被宠坏了，被纵容惯了。但是这些都不重要，重要的是身体接触，没有任何语言的温暖具有摧毁一切隔阂与仇恨的力量。

为什么要在孩子躺在床上时在他身边坐一坐？因为这就像儿时的情景，躺在床上的是无助的孩子，床边站着的是他所依赖的、无所不能的父母。还有儿时鲜活的记忆：父母如何把他抱在怀里，他与妈妈属于一个整体时是什么景象。如果你走近他，坐在床边，只是摸摸他的头，闲聊一些无所谓的事情，相信我，他的自信心和亲子之间的信任一定会增强，父母要做的就是教育中的不断尝试。

地位平等

停止亲子之间指责和忍受指责的拉锯战，不断揭开旧日伤疤（提起孩子以前犯的错误和委屈）不仅会伤害孩子，也会伤害父母。不要再说：“我吃过的盐比你吃过的饭还多！”“我跟你说话呢，好好听着！”“不关你的事，别插嘴！”“别没完没了！”“好好坐着！”“我跟你说过多少遍了！”不仅要注意言辞，还要注意说话的语气。最重要的是不要有负罪感，自责会让人不坚定、立场动摇，只想草草打发孩子。

父母还要注意自己的言行，你有时可能没有注意到自己总是在邻居、孩子的朋友和你的熟人面前对少年品头论足。你可能从来没有注意到这种瓦解意志、直击心灵的小小侵犯行为。亲爱的父母们，请谨言慎行。最好看看自己面对孩子时的面目，晚上用录音机或手机录下经常对孩子说的话，听一听，那种语气你自己也会觉得不舒服。父母哪怕只用一个晚上的时间就能让孩子的信念崩塌，让孩子发现自己无足轻重（孩子的理解是——微不足道）、自私，这样他们只能如履薄冰、裹足不前，变成父母光辉照耀下无所遁形的道德怪物。孩子拥有独特、有趣的灵魂。自私、粗鲁、冷淡和凶恶只是表面现象，不是实质，只是状态，不是内容。为了和谐相处、互相理解，必须把自己放在对方立场上思考问题——这是放之四海而皆准的规律。父母不给孩子适应、改变的时间，不陪他一起寻找合适的发展之路，一味要求小小鸟儿飞出父母为他打造的巢穴，飞过漫漫人生路，这可能吗？请给他选择的机会。

结论

天下父母皆爱子女，也望子成龙，望女成凤。所有父母都希望自己的孩子幸福、成功和受人尊敬，但父母的所作所为却总与愿望相悖。读完本书，相信你已经了解该如何培养孩子正确的自我评价意识，自我评价将对他的发展和以后的人生产生何种影响。重要的是把孩子看作独立的个体，承认他有在符合各年龄段对应能力的合理范围内发表意见、表达愿望和独立处理问题的权利。只有这样，亲子之间才能形成基于爱和信任的良性互动和亲密互信关系，而这会让他受益终生。